裏社会の危険な心理交渉術

内藤 誼人
Yoshihito Naitoh

SOGO HOREI PUBLISHING CO., LTD

まえがき

これから交渉術について学びたい、あるいは人を動かす技術について学びたいと思うのであれば、〝裏社会のテクニック〟を学ぶことをおススメしたい。

なぜ、裏社会で使われているテクニックなのか。

その理由は単純で、ものすごく〝効果的〟だからである。

よくあるビジネス書やマネジメントの理論書などにも、確かに人を動かすテクニックは数多く紹介されている。しかし、そういうテクニックは、とても〝弱い〟。まったく効果がないとまでは言わないが、大して効き目のない薬と似たようなものである。そんなものを学んでいても、さしたる効果は期待できない。

ところが、裏社会で使われているテクニックは違う。

ヤクザにしろ、風俗の呼び込み（いわゆるポン引き）にしろ、詐欺集団にしろ、彼らは〝効果がある〟テクニックしか使わない。なぜなら、効果がないことなどしていたら、生き馬の目を抜く彼らの世界では生きていけないからだ。「意味のないことはやらない」が裏社会の人間の鉄則である。

例えば、よくあるマネジメントの本などを読むと、「部下には愛情を持って接するのです。そうすれば、部下はみなさんを信頼し、言うことに従ってくれます」などと書かれている。

確かに、それはその通りなのかもしれないが、まず「愛情を持って接する」とは具体的にどうすればいいのかがよく分からないし、なんだか面倒くさいやり方である。それに最近の若者などは、上司が「愛情を持って接する」と、自分が偉いとでも勘違いするのか、かえって上司をナメて、言うことを聞かなくなるケースも多々あると聞く。

その点、裏社会で使われているテクニックは違う。

彼らは、〝本当に効果的〟なやり方しかしない。「やさしく教え諭す」などという甘っちょろいやり方は選択しない。ものすごい形相で睨《にら》み付け、大きな声で威圧し、必要とあらば鼻血が出るほどぶん殴る。

もちろん、普通の社会で人をぶん殴ったりするのは立派な犯罪であるから、さすがに本書で取り上げることはしない。本書で紹介する裏社会のテクニックは、あくまでも合法的で、だれでも実践可能なレベルのものだけである。

これまで何十冊ものマジメなビジネス書を読んではみたものの、「言っていることには納得できるんだけど、これってホントに効果があるの!?」と失望ばかりを覚えてきたみなさんに、ぜひ本書をお読みいただきたい。ご自身で実践してもらえれば、すぐにその効果を体感していただけると思う。

なお、あらかじめお断りしておきたいが、私は一介の心理学者に過ぎず、裏社会とはまったく何の関係もない人間である。ただ、彼らのテクニックには昔から興味があり、裏社会の人間のルポやインタビュー記事などを趣味的に収集してきた。今回はずいぶんと手元の資料が溜まってきたので、それらをご紹介しながら心理学的な分析も行っていきたいと思う。

裏社会の人たちは、おそらく経験的にそれらのテクニックが効果的だということに気付いて使用しているのだろうが、心理学的に言ってもそのやり方が正しい、ということを本書では論じていきたい。どうか、最後までよろしくお付き合いいただきたい。

目次

第2章

ソノ気にさせて「イエス」を引き出す

第3章

自分を演出して交渉を有利に運ぶ

第4章 人間心理を利用して巧みにダマす

第5章

「こんなのアリ?」な上級編

装丁　小松学（ZUGA）
本文デザイン　土屋和泉
DTP　横内俊彦

第1章

反論を奪って強引に要求を通す

裏社会の手口 01

無理難題をぶつけてから本題を切り出す

ヤクザの交渉術の基本は、相手が飲めないような要求をいきなりぶつけるところに特徴がある。「それはムリだ……」と相手が度肝を抜かれるような要求をぶつけるのである。

もちろん、相手が応じられるわけがない。

しかし、ここからがミソなのだが、もともとヤクザだって、自分の提案が最初から受け入れられるとは思っていないのだ。**大きな要求をぶつけて相手を混乱させ、その後で、本当のお願いを持ち出す**のである。

例えば、だれかから200万円を借りたいとしよう。こんなとき、ヤクザはその2倍以上ものお金を平気で吹っ掛ける。

「500万ほど借りたいんだが、連帯保証人になってくれないか」

「それはちょっと」

「俺が信用できない？」

「いや、そういうわけじゃないんですけど」

「じゃ、どういうわけ？」

「さすがに連帯保証人は……」

「分かった、じゃ連帯保証人はいいや。その代わり２００万都合をつけてくれ」

「ええ、それなら……」


これがヤクザの交渉術である。

彼らが２００万円を欲しいと思ったときには、まず５００万円なり、１０００万円なりを吹っ掛け、**段階的に譲歩したように〝見せかけ〟ながら**、結局は、自分が欲しいと思っていた２００万円で折り合いをつけるのである。

このテクニックは、〝ドア・イン・ザ・フェイス・テクニック〟と呼ばれている。「ドア・イン・ザ・フェイス」とは、セールスマンの顔の前でドアをバタンと閉めるという意味で、要するに「一回、わざと相手に拒絶させる」ことを指す。

私たちは、相手のお願いをいったん拒絶すると、なんだか自分が悪いことをしたような気持ちになる。そのため、相手から譲歩した提案をされると、「そちらはなんとか聞いてあげなければならないな」という心理になる。その心理を逆手に取ったのが、ドア・イン・ザ・フェイス・テクニックなのだ。

本当のお願いは隠して、まず大きく吹っ掛けてみる。そして相手に拒絶されてから、初めて本当の要求を突き付ける。これがヤクザの交渉術だ。

サウス・キャロライナ大学のピーター・レインゲンは、「心臓病協会の者ですが、募金をお願いできませんか?」というお願いをするとき、いきなり募金を求めた場合には19%しか募金してくれなかったが、まず「毎月3ドルずつ、募金してください」という大きな要求をぶつけて、それが断られてから、「それでは今回だけ、いくらでもいいので募金してください」とお願いしたときには34%が応じてくれた、という報告をしている。

わざわざ相手に断れることすら織り込んでおく。

こういう下準備が大切なのである。

危険な心理交渉術のポイント

人はお願いをいったん断ると、次のお願いを断りづらくなる。
まずは本来の目的より大きな要求をして、わざと相手に拒絶させよう

裏社会の手口
02

最初は小さな小さな要求を通す

ヤクザの資金源といえば、用心棒代や、みかじめ料である。「おたくの店は、ウチの組でしっかり守ってやる。だから、みかじめ料を出してほしい」というわけだ。

しかし、法律の規制などもあるし、最初から「みかじめ料を出してください」などと要求しても、「はい、そうですか」と受け入れる店主やオーナーはいない。余分なお金は1円だって払いたくないのが、経営者というものである。

けれども、そこがヤクザのうまさというか、いきなり多額のみかじめ料などを要求することはない。

「ほんの少しのお花代もムリでしょうか?」

「おしぼりだけのお付き合いもダメでしょうか?」

と、**ものすごく小さな要求からスタートする**のである。

たいていの経営者は、「まあ、それくらいなら……」と、しぶしぶではあっても受け入れてしまう。けれども、そこが地獄への入り口なのだ。なぜなら、ヤクザは少しずつ要求をつり上げ、最終的には多額のみかじめ料をせしめるからである。

小さな要求を断れなかった人は、その後で、それよりももう少し大きな要求を出されても、「うう……、まあ、それくらいは……」と受け入れざるを得なくなる。そして中程度の要求を引き受けると、さらに大きな要求を出されても断れない状況に陥っていく。こうやって骨までしゃぶられていくわけだ。

実は、このテクニックはプロのナンパ師も使っている。

プロのナンパ師は、女性に声を掛けるとき、最初から口説いたりはしない。「すみません、ライターをお持ちでしたら、貸してもらえませんか？」などと声を掛けるのである。ライターを貸すくらいであれば、大したことはない。女性もあまり警戒せずにライターを貸す。

ところが、ナンパ師はライターを借りると、「お礼を兼ねて、ぜひそこの喫茶店でお茶を奢らせてください」とか、「そこのバーで一杯だけ奢らせてください」と持ち込み、ナンパを成功させてしまうのである。

このプロのナンパ師の手口を、そのまま実験で確認した心理学者がいる。

フランスにある南ブルターニュ大学のニコラス・ゲーガンは、ショッピング・エリアを歩いている18歳から22歳くらいの女性に、男性アシスタントを使って声を掛けさせた。声を掛けるのは、タバコを手に持っている女性だけある。

男性アシスタントはまず、いきなり「お茶を飲みませんか?」と声を掛けてみた。このときの成功率は、わずか3・3%。たいていの女性は断ってきたのである。

次に男性アシスタントは、「火を貸してもらえませんか?」と小さなお願いからスタートしてみた。そして、火を貸してもらえたら、すぐに「もし時間があればお茶を飲みませんか?」と尋ねてみたのである。すると、火を貸してもらうという段階を一つ経ただけで、成功率は15・0%へとアップしたのだ。

私たちは、**小さなお願いに応じると、それよりも大きなお願いにもついでに応じてしまう**ものらしい。ヤクザやプロのナンパ師は、こういう人の心理をよく知っているのであろう。

！危険な心理交渉術のポイント

人は一度「イエス」と言うと、次のお願いも断りづらくなる。
ハードルの低い要求からスタートして、次第に大きな要求をぶつけよう

裏社会の手口 03

些細《ささい》なことで詫びを入れさせる

ヤクザは、人と待ち合わせをするときに決して遅刻などはしない。

なぜなら、遅刻して相手を待たせると、「お待たせしてすみません」とお詫びをしなければならなくなり、そうすると自分の立場が、相手よりも下になってしまうという不安があるからだ。

交渉の場では、**どんなに些細な点でも、相手にお詫びするということは避けなければならない**。

相手にお詫びをした途端に、心理的に自分の立場が悪くなり、せっかくの交渉がうまくいかなくなる。交渉が始まる前から、「もはや勝負あり！」にならないよう、遅刻は絶対にしてはいけない。

それを知っているヤクザは、絶対に遅刻などしない。むしろ、約束の時間より1時間も、2時間も先に来て待っている。

遅れてやって来た相手は、灰皿に溜まったヤクザのタバコの吸い殻を見て、唖然《あぜん》とする。そして、たとえ時間通りにやってきたのだとしても、相手を待たせたことについて、詫びを入れる。ヤクザはそれを狙っているのである。

とにかくどんなに小さな点でも追及し、相手に詫びを入れさせることは重要だ。詫びを入れさせさえすれば、その後は、多少の無理難題を持ち掛けても、相手は断りにくくなるからである。

ヤクザの話法として、相手の些細な言葉尻を捉えて責め立てる、というものがある。言葉尻を捉えるのは、「すみません」というひと言を引き出すためだ。

「そういう意味で言ったんじゃありませんが、とにかくすみません」

「もし誤解されたのだとしたら、謝ります。すみませんでした」

その言葉を引き出すために、ヤクザは些細な言葉尻を捉えて難癖をつけるのである。

1回でも、「すみません」と相手に言わせれば、その瞬間から、その場の主導権はこちらが握ることができ、その後の交渉はすべて自分の思い通りにできる。

例えば、たいていの人は、テーブルの上のコーヒーをこぼされて、自分のスーツがビチョビチョに濡らされたら、とても不愉快だろう。

しかし、ヤクザにとっては、これが絶好のチャンスになる。

ヤクザは「しめた！」と考える。

なぜなら、カップをひっくり返した相手は、ヤクザに謝らなければならず、そうするとヤクザの言うことを聞かざるを得なくなるからだ。

「ああ、安物のスーツなんで気にしなくて結構ですよ。クリーニング代？　そんなものはいりませんよ。でも、こちらから一つお願いがあるんですけど、いいですか？」

とヤクザに言われたら、断れるものではない。

これは実験的にも確認されている。

サンディエゴ州立大学のポーラ・コノスクは、ある人物が、サクラ（実験協力者）の近くを歩いているときに、そのサクラの持ち物をひっくり返してしまうという実験をしたことがある。

本当は、持ち物に触れてもいないし、サクラが自分でひっくり返しているだけなのだが、サクラは大げさに驚いて、「なんてことをしてくれるんだ！」と喚《わめ》く。当然、被験者には身に覚えなどないが、とりあえず「すみません」とお詫びの言葉を口にする。

それからサクラは、ちょっとしたお願いをするのだが、迷惑をかけたと思い込まされ、お詫びをさせられた被験者は、そのお願いを引き受けてくれたという。お詫びの言葉を口にすると、相手の言うことに従いやすくなる、ということだ。

大切なのは、どんなに些細なことであろうが、交渉とは無関係なことであろうが、相手に詫びを入れさせることである。そうすれば、その後の展開はみなさんの思いのままだ。

危険な心理交渉術のポイント

謝罪をさせれば心理的に優位に立てる。些細なことでもいいから、相手が謝らなければいけない状況をつくりだそう

裏社会の手口
04

揚げ足を取って追い込んでいく

相手が何か言ってきたときに、揚げ足を取って相手を心理的に追い込んでいく戦術がある。〝揚げ足戦術〟とか、〝カウンター戦術〟という。

例えば、ヤクザがわざとムチャクチャな要求をぶつけておいて、相手が「そんな無茶な！」と答えたら、「どの辺が無茶なんだよ、ケンカ売ってんのか！」と追い込むのが揚げ足戦術である。

相手がほんの少し言い過ぎたときであるとか、興奮して強い言葉を使ったときが、揚げ足を取るチャンスである。この戦術は日常場面でも、どんどん利用できそうだ。

「キミは、いつも細かいね」
「いつもって、具体的にいつのことですか？」
「あ、いや、ごめん言い過ぎた……」

こんな感じで語気を荒げて追い込んでいけば、相手の立場を悪くして、自分にとって有利な進め方ができるはずだ。

相手が「いつも」とか「絶対に」とか「１００％」などという言葉を使ってきたときがチャンスである。そういうときは、いくらでも揚げ足を取ることができるだろう。

「鉄の女」と呼ばれたイギリスのマーガレット・サッチャー元首相も、このような揚げ足戦術を多用していたという。サッチャーは、記者たちからイヤな質問をされたときにも、揚げ足を取りながらうまく質問をかわしていたという。

イギリスにあるヨーク大学のピーター・ブルが、サッチャーのインタビューを詳しく分析したところによると、記者が「仮に○○だとしますと……」と質問を切り出すと、すぐにサッチャーは、「仮にって、仮定のお話なんかにはお答えできませんよ」とかわしたという。

揚げ足を取る戦術は、相手をしどろもどろにさせるところに狙いがある。

人間は、**自分が予想もしなかったところを攻められると、もうどうにもならなくなる**。本論とはまったく無関係なことであっても、揚げ足を取られると正常な判断ができなくなるのだ。

もし相手が、「その話は、今は関係ないでしょう」と言ってきたとしても、「関係ないとはどういうことだ?」と、さらに揚げ足を取ることもできる。

会議においても、どうでもいい点で揚げ足を取りまくっていれば、議論が一向に深まることもなく、結論も出せなくなる。自分にとって望ましくない方向に議論が向かいそうなときには、どうでもいい点でどんどん噛みつき、揚げ足を取りまくるのが正解だ。

危険な心理・交渉術のポイント

人は予想しないところを攻められると、正常な判断ができなくなる。自分が不利だと感じたら、揚げ足を取りまくろう

裏社会の手口
05

巧みな〝比《ひ》喩《ゆ》〟で相手を恫《どう》喝《かつ》する

「期限やで、返済してもらおうか」

「違法な金利を払う必要はないはずです」

「なんや、借りるとき、金利のこと知らんかったんかいな」

「いえ」

「知っとる？　じゃ納得ずくで借りたんやないか」

「ええ、まあ、そういえばそうですけど……」

「おい、こらっ！　注文したメシ腹いっぱい食うてから味がどうのとケチ付けんのか！　借りるときはお願いしますの〝米つきバッタ〟で、返すときはふんぞり返んのか。人様の大事な金借りといて踏み倒す気か！」


ヤクザの世界も、「腕っぷし」で勝負していたのは昔の話。

今のヤクザは、話術の腕を磨きに磨いている。相手を殴ろうものなら、すぐに警察に引っ張られるご時世である。こんな時代だからこそ、ヤクザも話術を磨いているのであろう。

ヤクザの話法で、「うまいな……」と感心させられるのは、巧みな〝比喩〟。

彼らは、**比喩を使いながら、相手の立場を悪くして、自分を被害者のように感じさせてしまう**ことさえある。

比喩は、ものすごく効果的な説得法である。

イリノイ州にあるロヨラ大学のヴィクトール・オタッティは、286名の大学生を対象にして、「学生は、もっとたくさんの論文を書くべきだ」という説得メッセージの入ったテープを聞かせてみた。

ただし、半数の学生に対しては、比喩を用いて説得を行うテープを聞かせた。「野球で言うならば、猛練習ですよ」という具合である。残りの半数に聞かせたもう一つのテープでは、「もっとたくさん勉強することが必要です」というように、比喩は使わなかった。

さて、テープを聞いた学生たちに、どれくらいその主張に賛成できるのかを尋ねてみたところ、比喩を用いたほうが、説得効果が高くなることが分かった。特に、野球の比喩を使ったためか、もともとスポーツが好きな学生に対して効果が高かった。

比喩を使って話をされると、私たちは、〝腑に落ちる〟ようである。

抽象的な話をされてもよく分からないが、比喩を使って説明されると、「なるほど」とすぐに納得できるのである。

ちなみに、「人を動かす」のが歴史上で最も巧みな人物の一人といえば、イエス・キリストである。キリストは、だれの心にも響く言葉を使って語り掛けたが、比喩を使う名手でもあったそうである（ブルース・バートン著『イエスの広告術』有斐閣選書R参照）。

人を説得するためには、比喩力を鍛えよう。

たくさんの本を読み、いろいろな表現技法に精通していれば、自然と比喩力は磨かれる。そして比喩力が身に付いてくれば、みなさんの説得力はもっと高くなるはずである。

危険な心理交渉術のポイント

上手に比喩を使うことができれば、説得力は格段に上がる。普段から多彩な表現方法を取り入れ、比喩力を磨いておこう

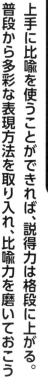

裏社会の手口
06

相手の〝弱み〟に付け込む

スポーツや格闘技の世界では、選手がケガをして包帯を巻いたり、テーピングを巻いたりしていると、相手もそこを狙わずに正々堂々と勝負をしてくれる。これがスポーツマンシップである。ケガをした所を狙って勝ったとしても、嬉しくはないからだ。

ところが、裏社会の人間は違う。

〝弱み〟などを見せると、そこを徹底的に狙い撃ちにされる。

「弱みに付け込んだりしたら、かわいそうだよな」

「勝負するからには、正々堂々とやらなければダメだよな」

彼らは、そんなことを微塵《みじん》も考えない。むしろ、**自分が狙っている相手の弱みやハンデを見つけると、「チャンスだ！」と考え、これ幸いとばかりに集中攻撃してくる。**

例えば、相手からお金を取り立てるとき、その相手が勤め人だったりすると、わざと相手が会社にいる時間を狙って面会を求めてきたり、電話をかけてきたりする。社内をうろついたり、会社近くでたむろしたりする。「会社の人に、自分が借金をしていることがバレたくない」という相手の弱みに徹底的に付け込むのである。

あるいは、相手の自宅近くをうろついて、「近所の人たちにはバレたくない」という弱みに付け込むこともある。相手が若い人だったりすると、彼女にバラすぞ、彼氏にバラすぞ、家族にバラすぞ、といった脅しも平気でやる。要するに、相手が弱みに感じているところを徹底的に攻めるのだ。

人には、必ず〝弱み〟がある。

その弱みをつかんでから説得を行えば、相手も言うことを聞く。

中学校しか卒業しておらず、自分の学歴にコンプレックスを感じている人は、お医者さんであるとか、弁護士であるとか、MBA取得者であるとか、とにかく「専門性の高い人」に弱い。そのため、専門家から、「ああしなさい、こうしなさい」と言われれば、「はい、分かりました」とすぐに従ってしまう。

そして、一般に男性は、魅力的な女性に弱い。

そういう弱みがあるため、キレイな女の子にお願いされると、それが無茶な要求であっても断れない。ルイジアナ州立大学のエリザベス・ウィルソンによれば、たいていの男性はキレイな女性に弱みを感じるのだそうだ。キャバクラの女性に、男性客が給料をすべて貢いだりしてしまうのは、そのためである。

どんなにお願いしても、テコでも動かないような相手でも、弱みに付け込むと簡単に転んでくれることはよくある。

絶対にうなずいてくれない頑固な爺さんでも、かわいい孫からお願いされると、すぐにホイホイと言うことを聞いてくれることはよくあることである。

危険な心理交渉術のポイント

絶対に結果が必要なときには、正々堂々勝負する必要はない。相手の弱みを探して、徹底的に攻めよう

裏社会の手口 07

秘密を握って脅迫する

どんな人にでも、他人に隠していることが、一つか二つはあるのではないかと思う。「これは絶対に知られたくない」という弱みは、だれでも持っている。**ほぼ100人中100人が、何かしらの〝秘密〟を抱えている**だろう。

テキサス大学のアニータ・ヴァンゲリスティが、200名を超える大学生に「家族に隠していることが何かあるか？」という質問に匿名で答えてもらったところ、なんと95・8％が「イエス」と答えたという。親に内緒で妊娠した経験があるとか、風俗で働いているとか、借金があるとか、家族にも言えない悩みを抱えていたのだ。

大学生でさえ、約95％が秘密を抱えているのだから、社会人になれば、ほぼ100％の人が何らかの秘密を抱えているのではないかと思う。

闇金の人たちは、お金を借りに来た人たちが、「やましい思いをしている」ということを知っている。だから、それを脅しの材料に使うことができる。誠に都合の良い立場にあるといえる。

「返してくれないなら、会社にも通知して、給料から天引きさせてもらいますよ」

「親御さんに、肩代わりをお願いしなければならなくなりますよ」

と脅されれば、相手の言いなりになるしかない。

こういうやり方は卑怯《ひきょう》だと思われるかもしれないが、私たちにとってもものすごく参考になるのではないか。

なぜなら、**どんな人が相手でも、秘密さえ握ってしまえばこちらのもの**だと考えられるからだ。

例えば、ものすごく自分に厳しい先輩や上司がいるとしよう。自分にだけ特別な嫌がらせをしてきたり、親の仇のように執念深くイジメてくるとしよう。

そんな上司をやっつけたいのなら、まずは興信所などに頼んで上司の秘密を探ってもらえばいい。そうやって秘密を握ってしまえば、後はこちらのものである。「秘密をバラしちゃいますよ」と囁《ささや》けば、その上司は借りてきたネコのように大人しくなるであろう。

「○○部長って、アイドルの追っかけをなさっているんですね」

「○○さんは、人妻と不倫なさっているんですね」

「○○課長は、学生時代にAV男優のバイトをしたことがあるんですね」

そんなことをボソっと囁けば、鬼の首を取ったのと同じである。おそらくは、二度と嫌がらせをしてこなくなるであろう。「俺を脅迫するつもりか！」と怒鳴られるかもしれないが、別にお金を求めているわけではない。嫌がらせをやめてくれさえすれば、秘密はだれにも言わないのだから、闇金がやる脅迫に比べれば、ずいぶんとかわいいものである。

！危険な心理交渉術のポイント

相手の秘密を探してみよう。人はだれでも秘密を持っている。それを握ってしまえばこちらのものだ

裏社会の手口 08

簡単な要求で片足を突っ込ませる

お金を持っていそうな社長に、自分が所有しているマンションや別荘などの物件を売りたいとしよう。このとき、「社長、買ってください」といきなりお願いしても、相手はそうたやすくはうなずいてくれない。

では、裏社会の人間はどうするか。

「社長は、いろんな人とお知り合いでしょう」などと歯の浮くようなセリフで、まずは気持ちよくさせる。「顔が広い」と言われれば、たいていの人は嬉しくなって、「まあ、そうですな」などと答えてしまう。

そこで、「あるマンションの買い手を探してもらえないでしょうか。もちろん、うまく成約するようなら社長にも紹介料のようなかたちで謝礼もできますから」と持ち掛けていく。

当然、社長は自分が買うのではなく、ただの紹介だけでいいと思うから、簡単に引き受けてくれる。

しかし、買い手などそうたやすくは見つからない。そして、何度も催促《さいそく》しながら、結局は、その社長に買ってもらうように仕向けていくのである。「社長が胸を叩いて引き受けてくださったから、僕もずいぶんと待ったんですよ。それを今更〝やっぱりダメでした〟はないでしょう」と言われれば、社長としても買わざるを得なくなる。

このテクニックは、〝踏み込み法〟と呼ばれている。

まず小さなお願いをして、**相手に〝片足を突っ込ませる〟ように仕向ける**。片足を突っ込ませてしまえば、後はそれと本来無関係なお願いであっても、なかなか相手は断ることができなくなっていく。

私たちは、片足を突っ込んでしまうと、最初のお願いに縛られ、そこから抜け出せなくなるのである。

人は**一つでもお願いを聞いてしまうと、その後にまったく無関係のことをお願いされても、そちらまで引き受けてしまう**ことが知られている。踏み込み法は、ものすごく効果的な方法なのだ。

ペンシルバニア州にあるテンプル大学のブルース・リンドは、街中を歩いている人に声を掛け、「テレビ視聴に関する質問を二つ三つしてもかまいませんか？」と小さなお願いをし、快く応じてくれたら、次に「旅行チケットを買ってもらえませんか？」とお願いしてみた。

質問に答えることと、旅行チケットを購入することはまったく関係のないお願いにもかかわらず、たいていの人は2番目のお願いにも応じてくれたという。

「毒を食らわば皿まで」という言葉があるが、ちょっとでも相手のお願いを聞いてしまうと、それよりも大きなお願いをされたときにも、断れなくなるのである。

危険な心理交渉術のポイント

人は一度お願いを引き受けると、無関係なことまで引き受けてしまう。簡単な要求を飲ませてから、本当の要求をぶつけよう

裏社会の手口 09

「みなさん」をキラーフレーズに使う

日本人は、「みなさん」という言葉に非常に弱い。たいていの日本人は、「みなさん」と言われれば断れない。

子どもを塾に行かせたいとき、妻は夫にこう言えばよい。「クラスのほかの子はみんな、もう塾に行っているのよ」と。そう言われると夫は、反対したくとも反対できない。

「同業者は、みんなこのシステムでやってますから」と言われると、経営者は「そうか、ならウチも導入しないとな」と考えてしまいがちである。**みんながやっているのに、あえてウチだけはそれをやらない、と声を上げるのは、なかなか難しい**のである。

この心理を、ヤクザも当然知っている。

だから、彼らは便利なフレーズとして、「みなさん」を多用する。

みかじめ料を求めるときには、「町内では、〝みなさん〟どこも納得してくださっているので……」というように要求する。

ほかの店も払っているのだと言われれば、たいていの経営者は「じゃあ、ウチも」と**〝右へならえ〟で受け入れざるを得なくなる**。「ヨソはヨソ。ウチはウチ！」と突っぱねることは、なかなかできるものではない。

日本人は、笑ってしまうくらい「みなさん」と言われることに弱いのであるが、どうもこれは日本人だけではないようである。

いろいろ調べてみたところ、外国でも、「みなさん」と言われると、無意識のうちにそれに反対できなくなってしまうことが分かった。これは人間に共通の心理らしい。

例えば、シカゴ大学のノア・ゴールドスタインは、とある中規模のホテルにお願いして次のような実験をさせてもらった。

どんな実験かというと、連泊する客に対して、「環境保護のため、タオルを再利用してください。〝みなさんにそうしていただいております〟」というメッセージを伝えたのだ。すると、44・1％が素直に応じてくれたという（「みなさん」の部分を伝えない場合は35・1％だけが応じた）。

また、オランダにあるアムステルダム大学のヴァン・デン・プッテは、あるチョコレートバーの広告を実験的にいくつか作ってみたのだが、「みんな大好き」「みんな食べてる」というセリフが入っていると効果的であることを突き止めている。

さらに、ドイツのボーフム大学のエレン・マシューズは、自動車で通勤している297名を対象に、「バスや電車など、公共の乗り物を使ってください。〝みなさん喜んで応じてくれていますよ〟」と説得すると、その後の8週間に渡る測定で、公共の乗り物による通勤が増えたという報告をしている。

これらのデータから分かるように、「みなさん」をアピールされると、日本人だけでなく、どこの国の人も、断れなくなってしまうようである。

危険な心理交渉術のポイント

〝右へならえ〟は人類共通の心理。「みなさん」を効果的に使い、反論しづらい状況をつくり上げよう

裏社会の手口 10

第三者の口を借りる

言いにくいことは、ほかの人に代わりに言ってもらうのがよい。

実際にほかの人の口を借りられないときには、自分が言っているのではなく、「○○が言っていた」というかたちにしよう。

自分が直接に言って聞かせるよりも、ほかの人が言っていたということを〝伝聞〟というかたちで伝えるほうが、説得効果が高い。それに、自分が直接に説得したとして、仮にうまくいかなかったとしても、相手との関係がまずくなってしまうことを避けることもできるからだ。

飲み屋のママが、客のツケを取り立てるときもそう。

あまりしつこく催促すると、客との関係がまずくなってしまう危険性がある。だから直接に催促するのではなく、〝善意の第三者〟として、ヤクザにお願いする。

ママの口から、「そろそろツケのお支払いを」と言うのではなく、ヤクザに「俺にとっちゃ、おたくのツケなんかどうだっていいんだが、ママが泣いてるじゃねえか。おたくが自分で飲んだんだろう。だったら、スパッと払ってやるのが筋じゃねえか」と言ってもらったほうが、ツケを払ってもらいやすくなる。

このテクニック、実は政治家もよく使う。

自分に何かやりたい政策があると、「自分がやりたい！」というのではなく、第三者の委員会などを設置し、まずは結論を出させるのである。そして、「委員会で、このような決定が良いのではないかということになりました」ということにするのである。

もちろん、その委員会は、自分に都合の良い結論を出してくれるようなメンバーで構成されていることは言うまでもない。

スペインにあるバスク大学のアグスティン・エシュバリア・エシャベは、説得を行うときに、「私はこう思う」式の直接的な意見よりも、「第三者の専門家はこう言っています」という形式にしたほうが、説得効果が高くなることを明らかにしている。

わざわざ第三者を仕立て上げるのは面倒くさいと思われるかもしれないが、そうすることによって、実際に説得効果も高くなるし、自分は後ろに隠れていることができるのだから、非常に便利なやり方だといえる。

ついでに言うと、このやり方は学者御用達の手口でもある。あまり言いたくはないが、私自身も、この手口を使って本を書いている。

よほど高名な学者でもあるのなら、「私はこう思う」という自己主張をしても、読者にすんなりと受け入れてもらえるのであろうが、私のように吹けば飛ぶような心理学者には、これができない。そのため、自分の意見ということではなく、「外国のエライ先生が言っているんですよ」というかたちで逃げているわけである。本書を含め、私が執筆した本に心理学者の引用が多くなされているのは、そのためである。

ともあれ、何か説得するときには、ほかの人に頼めるならそうしたほうがいいし、頼めないのなら、「言っていた」ことにさせてもらうほうがいいであろう。そのほうが、相手だってすんなり納得してくれる。

危険な心理・交渉術のポイント

人は目の前の相手より第三者の意見の方を信じやすい。
自分は安全な場所に隠れながら、他人の口を借りて交渉しよう

裏社会の手口 11

断る"理由"を説得の"根拠"に変える

「地上げ屋」と呼ばれる人たちがいる。さまざまなやり方で住民を追い出し、その土地を自分のものにすることを生業《なりわい》としている人たちである。

たいていの人は、住み慣れた土地から離れるのがイヤだから、基本的に立ち退きに応じることはない。けれども、そこをうまく立ち退かせるのが地上げ屋の腕の見せどころである。

かつては、「今すぐ立ち退け！」と声を荒げて交渉していた時代もあったというが、今ではそんな乱暴な手口を使う地上げ屋は少ない。あまり強引にやろうとすると、脅迫になってしまうからである。今の地上げ屋は、もっと穏当な交渉術を使っている。

彼らは、「立ち退いてもらえませんか？」式の、**イエス・ノーで答えられるような質問をしない**。どうせ「イヤです」という答えが返ってくるに決まっているからである。

では、どうやって立ち退かせるのかというと、相手がイヤがる〝理由〟をしっかりと聞くのだ。そして、その**〝理由〟を逆手に取って、自分の主張の〝根拠〟へと変えてしまう**のである。例えば、次のような具合だ。


「どうして立ち退くのがイヤなんでしょうか?」

「そりゃ、ここが気に入っているからだよ」

「どんなところが気に入っていらっしゃるのでしょう?」

「……駅も近いし、スーパーも近いところかなあ」

「それでしたら、さらに駅に近くて、スーパーも近い場所をこちらで探してご用意しますよ。きっとご満足いただける場所を探しますから、そうしたら私どもにお譲りいただけますか?」

「……うん、それなら……」


相手が〝利便性〟を理由にゴネているのなら、もっと利便性が良いことを根拠に、説得することが可能になる。

イースト・キャロライナ大学のレイド・クラクストンは、このような交渉テクニックを〝ブーメラン法〟と呼んでいる。クラクストンは、２４０名を超える流通、製造などのバイヤーにインタビューを行って、彼らのテクニックを数多く分析している。

ブーメラン法というのは、相手の反対の理由を、そのままこちらの買うべき理由にしてしまう方法である。

相手が「高いからちょっと……」という理由で断ってきたとしたら、「高いからこそ、おススメしたいんですよ。それだけ高品質だという証拠じゃありませんか」というように説得を勧めていくと、相手も断る理由がなくなってしまう。

交渉をするに当たっては、まずしっかりと相手の理由に耳を傾けよう。

相手が、本当は何を望んでいるのか。その理由をしっかり理解できれば、それをこちらの根拠にして説得することもできるはずである。

危険な心理交渉術のポイント

断る理由を奪われれば、要求を受け入れざるを得なくなる。

相手が主張する理由をしっかりと理解し、逆手にとって説得しよう

裏社会の手口 12

書面に証拠を残して約束を守らせる

私たちは、本来できないようなことでも簡単に口約束してしまうことがある。「口は信用できない」と言われるのは、そのためである。

しかし、「必ず返しますからお金を貸してください」と言われても、「やっぱり返せなくなってしまいました」では、闇金業者としては困る。貸したものは返してもらわなければならない。だから、彼らは誓約書を書かせる。

「お金を返せないときには、差し押さえを承諾します」

「返せないときには、〇〇に請求してもかまいません」

「利率を認め、必ず支払います」

などという誓約書を書かせるのである。こうすると、お金を借りた者も、返さなければならないな、という気持ちが強化される。

基本的には、**口だけで約束するのではなく、必ず、紙に書かせたり、メモを取らせ**

たりするのがよい。人の口を信用してはならないのである。必ず、〝記録〟と〝証拠〟を残すようにしないと、後になって「私は、そんなことを聞いてない」と言ってくる人間が必ず出てくるから、それを防ぐのだ。

私は、電話だけで仕事のアポイントを取ったりはしないことにしている。

なぜなら、言葉というのは、口から出てすぐに消えてしまう性質があるので、証拠が残せないからである。それに、「四日」（よっか）と、「八日」（ようか）などを私が聞き間違いをしている場合もある。そのため、電話でアポを取るときには、必ず、「後でメールしてください」と相手にお願いするようにしている。

相手にメールをしてもらうと、それがちょうど闇金の人が書かせる誓約書と同じような効果を発揮し、相手が約束をすっぽかしたり、「知らなかった」ととぼけることを防ぐことができるのだ。

どんなに簡単な約束でも、記録を残すことをおススメする。

「小さな約束なら、相手だって、きちんと覚えていてくれるのでは？」

と思われるかもしれない。

だが、それが甘いのだ。

私は心理学者という仕事柄、よく知っているのだが、人間の記憶は、コンピュータと違って、まったく信用できるシロモノではない。インディアナ大学のロイド・ピーターソンによると、**人は覚えたことを20秒以内に85％も忘れてしまう**のだ。記憶などは絶対に信用してはいけないのである。

どんなときでも、必ず書面で記録を残すようにしたほうがいい。口で約束したときには、自分の手帳の一部を破って、走り書きでもいいからメモを作って、相手に手渡すようにしたほうがいい。これが相手にきちんと約束を守らせるときのやり方だ。

危険な心理交渉術のポイント

人の記憶を信用してはいけない。〝記録〟と〝証拠〟を残して、相手に約束を守らせるようにしよう

裏社会の手口 13

証拠になるものは相手には渡さない

一つ前のセクションで、人と約束をするときには、必ず形が残るようにせよ、というアドバイスをした。書類を作ったり、メールなどでやりとりをすることで、証拠が残るようにしておかないと、後で困ったことになるからである。

けれども、逆のパターンも考えられる。

後になって自分が言い逃れをしたいのであれば、あえて〝証拠は残さない〟というテクニックも考えられるのだ。

「いやあ、そんな話は一切聞いていないですよ」

「えっ、条件は1個当たり100円じゃなくて、50円ということではありませんでしたか？」

「なんだか、お互いに誤解があったようなので、このお話はナシにしてください」

などと、最初からとぼけてしまう気があるのなら、証拠は残してはいけない。

闇金業者は、契約書、金銭借用証書、受領証など、書類を債務者には渡さない。後で債務者が訴えを起こしても、違法な内容を証明できないようにするためである。それに書類を渡さなければ、後でいくらでも自分の好きなように改ざんできる。だから、相手に都合の悪い書類などは渡さないし、そもそも作らないのである。

「お客さんみたいな人は、絶対的に信用できますからね。ほかのお客さんのときみたいに書類なんか作らなくても結構ですよ」と闇金業者は言う。お金を借りに来た客は、その温かな対応に感謝するのであるが、本当のところ、闇金業者は自分を守るために書類を作らないのである。証拠を残したくないのである。

私たちの記憶は、ものすごくいい加減である。

だから、**きちんとした証拠さえなければ、いくらでも自分に都合の良い事実をでっち上げることができる**。

ペンシルバニア州にあるアーシナス大学のガブリエル・プリンサイプは、対象者にある物語を語って聞かせた後で、その物語の内容をどれだけ記憶できたのかを調べるという実験をしたことがある。

その際、実験者は、物語の中に出てくるウサギが実際には何も食べていなかったのに、「ウサギが食べたのはニンジンでしたか? レタスでしたか?」という〝引っ掛け〟の質問をしてみた。すると、なんと90%もの被験者がどちらかを選んで答えたのである。「その質問はそもそもおかしい」ということに気付いた人は、ごくごく少数だったのだ。

人間の記憶などいい加減だから、「あなたは、確かに○○だと言いましたよね?」と強めの口調で言えば、相手も自信がないから、「そんな感じのことを言ってしまったのかもしれない」と思うものである。

後になって自分の都合の良いように相手を動かしたいのなら、証拠になりそうなものは残しておいてはいけない。〝証拠を残す〟のも大事なテクニックであるが、〝証拠を残さない〟のも立派なテクニックであるから、どちらも覚えておいてほしい。

! 危険な心理交渉術のポイント

あえて〝証拠を残さない〟ことも立派なテクニック。自分が不利になる証拠は作らないようにしよう

第2章

ソノ気にさせて「イエス」を引き出す

裏社会の手口 14

焦《じ》らして最後に値引きする

「通常2万5000円のところ、本日に限って8600円の特別価格でご提供！」

通信販売のテレビ番組を見ていると、かなりの値引きが行われ、「すごく安いな」と感じさせられることがある。大して必要のない商品でも、ついつい欲しくなってしまうのは、値引きでお得感が演出されているからだ。

体感的にも、〝値引き〟とか〝ディスカウント〟というのは、交渉テクニックとして極めて効果的だろうと感じる人が多いと思うのだが、実際、値引きが非常に効果的なテクニックであることは、すでに数多くの心理学の研究で明らかにされている。

値引きに関しては、いろいろなテクニックがあるのだが、ここでは一つだけやり方をご紹介しよう。これは、不当な高額商品を買わせる詐欺師などもよく使う手口だ。

それは、〝焦らすだけ焦らして、交渉の最後に一気に値引きする〟という方法である。

まず、**いちばんダメな値引きのやり方は、相手に「もっと安くしてよ」とお願いされたとき、すぐにどーんと値引きしてしまうこと**。

このやり方だと、客は、最初の価格が本当は怪しかったんじゃないかという疑念を持つ。それに「もっと、もっと値引きしてくれそうだな」と思ってしまう。その結果、交渉が長引いてしまうので、良いやり方ではない。

それに、徐々に値引きしていくのも、あまり良いやり方ではない。やはり交渉が長引くからである。

いちばん良いのは、最初は値引きなどをせず、焦らすだけ焦らす。ところが最後になって、「分かりました」とうなずいて、一気に値引きするのである。これが最も相手を喜ばせるらしい。

このことを確認したのが、ペンシルバニア州にあるカーネギー・メロン大学のスンウ・クォン。クォンは、中古車のバイヤーと、売り手との疑似的な交渉記録の文章を作り、それを132名の大学生に読ませてみた。ただし、文章中の一部だけが次のようにいろいろ変えられていた。

●第1条件（いきなり値引き条件）
「1万1000ドルです」↓「1500ドル値引きして、9500ドルではいかがですか?」

●第2条件（徐々に値引き条件）
「1万1000ドルです」↓「500ドル値引きします」↓「もう500ドル値引きします」↓「さらに500ドル値引きして、9500ドルではいかがですか?」

●第3条件（最後に値引き条件）
「1万1000ドルです」↓「値引きはしません」↓「値引きはしません」↓「分かりました。1500ドル値引きして、9500ドルではいかがですか?」

この文章を読んだ大学生は、「あなたが自動車のバイヤーなら、どれくらい嬉しいと感じると思うのか」を答えることになっていたのだが、第1条件では7点満点で3・87という低い点数だったのだが、第2条件では5・39、第3条件では5・52だったという。
交渉で値引きをするのなら、いきなり値引きするのではなく、少しずつ値引きをするか、あるいは値引きをできるだけしないで焦らし、最後に一気に値引きするのが良さそうだ。

危険な心理交渉術のポイント

値引きは相手の満足感を演出することが重要。
最初は高めの値段を付けて譲歩せず、最後の最後で一気に値引きしよう

裏社会の手口
15

〝目先の利益〟を強調する

組織のピラミッドの上の人から商品を買い、それを下の階級の人へ売るというシステムがある。いわゆるマルチ商法である。売るものは商品であったり、サービスであったりして、いろいろなかたちが存在する。

自分の下にだれかが加入してくれれば、紹介料であるとか、仲介料といったものがジャンジャン入ってくる、という目先の利益が強調されて、ダマされる人が後を絶たない。

もちろん、世の中にそんなにうまい話はないわけで、下の人間などそうそう見つかるものではない。そのため、自分で商品を大量に購入せざるを得なくなり、結局は、大損することになっている。

なぜ、大損することが目に見えているのに、マルチ商法に引っ掛かる人が多いのか。

それは、人間が強欲だからである。

人には**“目先の利益”ばかりを考えて、将来的なリスクを考えない**傾向があるのだ。

昔の人は、「捕らぬ狸《たぬき》の皮算用」という、うまい言葉を残している。

私たちは、遠くの未来を想像することが苦手だ。

たとえ未来に地獄が待っていようとも、目の前に天国があれば、ホイホイとそちらに惹き付けられてしまうものなのである。

オランダにあるアムステルダム大学のヴァン・デン・プッテは、目先の利益を強調することが説得を成功させる秘訣の一つであると指摘しているが、私たちは利益を強調されると、将来的な不利益については考えが及ばなくなるのである。

チョコレートを目の前に出されて、「ものすごくおいしいんだよ」「ほっぺが落ちちゃうよ」と言われたら、だれだってそれを食べたくなるであろう。たとえ、将来的に肥満になるリスクが高いと分かっていても、である。「おいしい」という目先の利益を強調されると、「太る」などという遠くの不利益は、どうでもよくなってしまうのだ。

みなさんが何かの病気に苦しんでいるとして、「すごく良く効きます」と医者から勧められた薬があれば、おそらくその薬を服用するであろう。

たとえ、「副作用があって、頭痛と吐き気が出ます」と説明されていたとしても、そちらの説明はあまり耳に入ってこないであろう。「良く効く」という目の前の利益だけが頭の中に鳴り響いて、喜んでその薬を服用するであろう。

人間は欲深い生き物なので、目先の利益ばかりを考えてしまう。それが、マルチ商法がいまだに健在であることの理由になるわけでもあるが、逆に言えば、相手にとっての**目先の利益を強調するやり方をすれば、たいていの人は簡単に転んでくれる**、ということでもある。

相手にとって、どんな利益があるのか。

それをじっくりと考えて説得のダンドリをすれば、成功率はグンとアップするわけである。

危険な心理交渉術のポイント

人は遠くの地獄を想像できず、近くの天国に惹き付けられる。目の前にある利益を強調し、リスクを隠してしまおう

裏社会の手口 16

価格を分割して見せる

人は買い物をするとき、いったん購入を決めると、その後に自分にとって不都合な条件が出てきたとしても、「まあ、仕方ないか」とすんなり受け入れてしまうところがある。

例えば、150万円の新車を購入しようと決めたとき、確かに自動車本体は150万円ではあるものの、カーナビやドアマットなどのオプションを付けていくと、結局200万円近くになってしまうということは少なくない。

もともと150万円の予算が上限と決めていても、なぜか自然と購入金額が膨らんでしまうのである。

しかも、たいていの人は「話が違うじゃないか！」などと大人げない対応は取らず、「まあ、仕方ないか」と受け入れてしまうのである。

裏社会の人間は、契約書を完全に作成するまでは、条件をいろいろと書き加えることができるということをよく知っている。だから、最後の最後まで気を抜かない。気を抜いたら、どんな不都合な条件を付けられるか、分かったものではないからである。

その点、一般の人たちは、**大きなところさえ決めてしまえば、細かい点については、あまり関心を払わない**。だから、余計なオプションのようなものをどんどん付けられてしまうわけである。

商品本体が安くとも、そこにオプションを付けていけば、結果として大きな買い物をさせることができる。

このテクニックは、〝オプション法〟と呼ばれることもあるし、大きな価格を小さな価格に分割して相手に飲ませるので、〝分割価格法〟と呼ばれることもある。

大きな価格をいきなり提示してしまうと、相手は怯《ひる》んで購入をためらってしまう。それに気付かせないためには、価格をできるだけ小さく分割するのがポイントだ。**一つひとつの価格を小さく見せれば、全体の価格も、なんとなく小さく見せることができる**からである。

ニューヨーク大学のヴィッキー・モーウィッツは、「すべて込みの価格」と、「本体価格と送料が別に表記されている価格」の2種類の商品カタログを実験的に作ってみた。

すべて込みのカタログでは、82・90ドルという表記で、分割価格のカタログには本体69・95ドル、送料12・95ドル（合計すれば82・90ドルで同じ）という表記がされていた。どちらも価格は同じであったにもかかわらず、後者のカタログではずいぶんと安く感じさせることができたという。

大きな価格は、まず小さな価格に分割することから始めよう。

とりあえず小さな価格で納得させ、後からゆっくりとほかの価格を追加していけばいいのである。いったんOKした相手は、その後いくら価格をつり上げられても、文句も言わずに飲んでくれることが少なくないのだ。

危険な心理交渉術のポイント

まずは小さな価格を見せて、決断をさせてしまおう。そうすれば、後から価格をつり上げても、文句は言われない

裏社会の手口 17

あえて高い価格を設定する

私たちは、だれしも幸せになれることを願っている。幸運が舞い込むことを強く希望している。そのため、「運が開けますよ」という言葉は、どんな人にとっても心に響くキラーフレーズとなる。

「この象牙の印鑑があれば、運勢が上がりますよ」

「この幸運のネックレスがあれば、幸運はあなたのものですよ」

と言われれば、たいていの人は欲しくなるのではないかと思う。だから開運関連のグッズは、いろいろな雑誌の広告に載せられているわけである。

開運グッズの強みは、かなり高い価格設定をしていても許されてしまうところである。

いや、むしろ、**高い価格設定をすればするほど、客は「なんとなく効くんじゃないか」という気持ちを強めてくれる**のだ。安い価格を設定すると、かえって信憑《しんぴょう》性が落ちてしまう。だから、高い価格設定をしたほうがいいのだ。

普通の商品は、安くないと売れない。ところが、開運グッズは、高くしないと売れないという面白い特徴がある。

ほかにも、世の中には、〝高いほうが売れる〟という商品がある。

例えば、エネルギー・ドリンク。

100円のドリンクよりは500円、500円のものよりは3000円のドリンクのほうが、なんとなく効きそうな感じがする。ドリンクの成分にそんなに違いはないように思われるのだが、値段が高いほうが良く効くように感じるのだ。

スタンフォード大学のバーバ・シッブは、エネルギー・ドリンクに貼り付けてある値札をこっそりと変えながら、大学生に飲ませるという実験をしたことがある。

その結果、0・89ドルの値札が書かれているときには大して効かなかったのに、1・89ドルという値札が貼られているときには、ものすごく効能があると感じることが明らかにされた。本当は、まったく同じ成分のドリンクにもかかわらず、である。

デフレの時代だからといって、何でも安くすればいいのかというとそれは違う。

もちろん、商品によっては安くしたほうがいいものもあるのだろうが、**あえて強気**

の価格設定をしてみるのも一つの方法である。価格を高くしたほうが、ゴージャスな感じがするし、素晴らしい商品なのだと感じさせることができる。

サービスもそうで、あえて高い価格設定をすることで、「きっと立派な会社に違いない」とか「きっと安全な会社に違いない」という思い込みを与えることも可能だ。

私も、仕事の依頼がなされたときには、ずいぶんと高い謝礼を吹っ掛けることがある。なぜ、そんなことをするかというと、安い謝礼で引き受けていると、自分も安っぽく見られてしまうからである。

心理学には、〝威光価格〟と呼ばれる価格設定テクニックが知られている。高い価格設定をしたほうが、ウケがよくなることもあるのだ。

! 危険な心理交渉術のポイント

要求の高さは信頼感にも繋がる。あえて大きな要求をして、ゴージャス感や信憑性を演出しよう

裏社会の手口
18

贈り物をしてから要求する

「海外旅行のプレゼントに当選した」というダイレクトメールを送り付ける商法がある。確かに旅行には当選しているものの、タダなのは飛行機代だけで、現地でのホテル代やらアクティビティ代やらとして、結構な料金が取られるような仕組みになっていたりする。

結局、「当選した」というのはまったくのデタラメであり、参加者全員が当選しているのだ。こういう手口の商法は、いろいろなかたちで行われている。

私たちはプレゼントなどをもらったり、賞品に当選したりすると、嬉しくなる。そのため、**少しくらい不利益があろうが、「せっかく当選したんだから……」ということで、相手からの追加請求に、すんなり応じてしまう**のである。

もともと私たちは、贈り物に弱い。

だから、**交渉や打ち合わせに出掛けるときにも、手土産の一つでも持っていくとよ**

い。そうすれば、交渉が思いのほかスムーズにいく。

「つまらないもので恐縮ですが……」と言いながら、スイーツの詰め合わせなどを差し出せば、相手は相好《そうごう》を崩して喜ぶであろう。そして、その後の交渉では、そんなに厳しい条件を突き付けたりはしなくなるであろう。

こういう〝プレゼント作戦〟は、どんどんやるべきである。

多少の出費はあるかもしれないが、それを補って余りあるほどの利益を享受《きょうじゅ》することができるからだ。

プレゼントをもらった人は、くれた人に対して好意的な対応をしてくれる。

それを確認しているのがメリーランド大学のアリス・アイセンだ。アイセンは、平日の昼間に1人で歩いている人に声を掛け、無料でお菓子をプレゼントした。それから、「自動車やテレビについての消費者調査をさせてもらえないでしょうか?」とお願いすると、いきなり調査をお願いした場合に比べて、17%ほど多く応じてくれることを明らかにした。私たちは、無料で何かをもらうと、「なんだか悪いなあ……」という気持ちになり、その後は、相手の依頼にも応じやすくなるのだ。

人に贈り物をするのがイヤだという人がいる。

プレゼントをすることが賄賂《わいろ》か何かのように感じてしまうのであろう。

しかし、そんな理由でプレゼントを持っていかない人は、人間の心の機微というものを少しも分かっていない。お金を渡すわけではないのだから、贈り物はどんどんしなければならない。

だれに会うときにでも、手土産を持っていくことを習慣としている人は、おそらくだれからも好かれるであろう。会う人すべてを、自分のファンにすることができるであろう。そういう人間になれば、どんな人もみなさんの味方になってくれるはずだ。

危険な心理交渉術のポイント

人は贈り物をされると相手の依頼に応じやすくなる。交渉の場には、必ず手土産を持っていくようにしよう

裏社会の手口 19

商品を手に取らせる

読者のみなさんは、店員に洋服の試着を勧められて、何度も試着させられているうちに、「買わざるを得ない」という気分になってしまった経験はないだろうか。

私たちは、手に取ってその商品に触れていると、その商品を購入しなければならないという心理になっていく。

ウィスコンシン大学のジョアン・ペックによると、私たちには、多かれ少なかれ、**手で商品を触っていると、どんどん欲しくなってしまう**という欲求があるという。欲しいという衝動を抑えられなくなるのだ。

「見るだけでも結構ですよ」と言われたのでアクセサリーを見に行ったのだが、ネックレスやら指輪などを何度も触らせられているうちに、いつの間にか50万円もするダイヤのネックレスのローン契約を組まされてしまった、という事例がある。

私たちは、欲しくないと思っていても、手で触っていると欲しくなってしまうのである。

また、購入した覚えのない商品を、勝手に送り付けるという手口もある。〝送り付け商法〟と呼ばれている。

この手口のメカニズムも、試着させるやり方と基本的には同じだ。「とりあえず2週間、試してみてください。お気に召さなければ着払いで結構ですから○○まで返送してください」などというメッセージが同封されている。

このメッセージでは、気に入らなければ返してもよい、というところがミソである。なぜなら、2週間も経つ頃には、その商品に愛着が湧いてしまって、どうせ購入することになるのだから。

心理学的にこの種のセールスは、〝リトル・パピー・ドッグ法〟という名前で知られている。

リトル・パピー・ドッグとは、生まれたばかりの小さな犬のことで、あるペットショップで始まった売り方なのだが、客に「買わなくてもいいので、無料でこのワンちゃんをしばらく預かってもらえませんか?」と提案するのである。

しばらく預かっているうちに、たいていの客は、その犬と離れがたい気持ちが強まり、結局は、「この犬を購入させてほしい！」と言い出すのである。

こちらからムリヤリに押し付けるようなセールスは、荒っぽいやり方であって、あまりおススメできない。できれば、向こうから「ぜひ買いたい！」と言ってもらえるように仕向けるのが、やり方としてはより巧妙であろう。

何かを売ろうとするときには、とにかく商品を何度も相手の手に取らせることが肝心だ。**触らせれば触らせるほど、こちらからセールスなどを行わなくとも、向こうが勝手に買ってくれる。**

危険な心理交渉術のポイント

人は商品を手に取ると、購入しなければいけないという心理になる。ムリヤリ押し付けるのではなく、まずは触らせよう

裏社会の手口
20

ホメてホメてホメまくる

悪質なスカウトマンのやり方として、歩いている女性に声を掛け、「モデルになりませんか?」と勧誘する手口がある。適当に何枚かのスナップ写真を撮った後、その写真を宣材として売り込んでいくために事務所に登録してほしいと言って、登録料をダマし取るのである。もちろん、事務所に登録しても、モデルの仕事などもらえるわけがない。

なぜ、そんなスカウトマンに引っ掛かる女性がいるのかというと、彼らが〝ホメまくり戦略〟を使うからである。


「いやあ~、今まで見てきた子の中でいちばん光ってるよ」

「キミは絶対にモノになるよ、間違いない」

「モデルの○○なんかより、キミのほうが断然いい。僕が保証する」

そんな感じのことを繰り返し聞かされたら、だれでもその気になってしまう。

マンチェスター大学のカレン・ニーベンは、小売店の従業員を対象にして、どういう店員が同僚たちから好かれるのかを調査したことがある。

その結果分かったのは、やさしい声を出したり、相手をうまくおだてるのがうまい人ほど、職場の人気者になれる、ということであった。

私たちは、**だれだってホメられると嬉しいのである。そして、その人の言うことなら何でも聞いてあげようという気持ちになる**のである。ホメまくりは、ものすごく効果的な方法なのだ。

ホメるのが苦手だというのなら、同じことを繰り返すだけでもいい。

「いい！　キミはいい！　すごくいい！　ホントにいい！」と同じことを壊れたレコードのように繰り返すだけでも、相手は嬉しさを感じる。そんなに難しい表現を使ったりする必要はないのだ。

親や先生が、「あなたは、伸びる！　伸びる！　絶対に伸びる！」と言い続けていると、子どももその気になって勉強し始めるというが、これもホメまくり戦略である。

ホメ上手な人は、特に難しい言葉を使うわけではなく、単純なセリフを、とにかく繰り返しているだけである。ホメるのがヘタだという人は、ホメる量が少ないか、まったくホメないかのどちらかであって、〝ホメ方〟がヘタだということはあまりない。

部下の管理があまり得意ではないとか、部下をうまく掌握できていないという上司には特徴がある。ダメな上司は、とにかく部下をホメることをしない。口を開けば文句の言葉しか出てこないのである。

その点、部下の使い方がうまい上司は、必ずといっていいほど、ホメ上手である。ホメるところが少なくても、それを見つけてバンバンホメてくれる上司なら、部下だってやる気を出すに決まっている。

ホメ方に、そんなに細かいテクニックはないのであるが、もし上手なホメ方に興味がある読者は、拙著『すごい！　ホメ方』（廣済堂出版）をぜひご一読いただきたい。

！危険な心理交渉術のポイント

ホメまくり戦略は簡単かつ、とても効果的な方法。とにかくホメてホメまくって、相手をその気にさせてしまおう

裏社会の手口
21

“おとり”でおびき寄せる

「キミ、カワイイね。ウチの事務所に入りなよ」

先のセクションで述べたように、悪質スカウトマンは、いつでも女性をホメまくり、「モデルになれる」ことをチラつかせながら勧誘を行う。

しかし、ここからまた別のやり方でお金をダマし取ろうとする手口がある。モデル登録が済んだところで、「やっぱり一流のモデルを目指すからには、それなりにキレイになる必要があるんだよね。いわば、必要投資というのかな。だからエステサロンに通ってもらいたいんだよ」などと言いながら、エステのチケットを購入させたり、「もっと見栄えを華やかにする必要がある」などと言いながら、宝石やアクセサリーを購入させたりするのである。

もうお分かりだと思うが、**「モデル登録」というのは、いわば“おとり”**。**本当の狙いは、チケットや宝石を買わせること**にある。

このようなやり方は、釣りで「ルアー」（疑似餌）を使って、魚をおびき寄せるのに似ていることから、〝ルアー法〟という名前で知られている。**おいしいことをチラつかせておびき寄せながら、本当はインチキなのだ。**

フランスのプロヴァンス大学のロバート・ジュールによると、ルアー法で実験参加者を集めると（謝礼が出るというおとりを使いながら実際には出ない）、70％が応じてくれたという報告をしている。おとりにつられて集まった参加者には気の毒な実験である。ちなみに、謝礼というおとりを用意しないで実験参加者を集めたときには、35％が応じてくれただけだった。

おとり戦術は、スーパーでも使われるし、電気屋さんでも使われる。

例えば、「数量限定特売」などという呼び込みチラシ。それ自体は問題ないのだが、チラシを見てお店に行っても、その商品はすでに売り切れてしまったなどと言われ、別の商品を勧められる場合がある。もちろん、一部のお店に限った話だが、せっかく足を運んだ客は、仕方がないので別の類似品などを買わされるハメになるのである。

また、風俗店でも、ルアー法は使われている。

本当はそのお店に在籍していない、キレイな女の子ばかりの写真を見せられ、「どうですか、ちょっと遊んでいきませんか？」と声を掛けられるのである。

たいていの男性は、鼻の下を伸ばして、「じゃ、この子」と指名しようとするのだが、もともとそんな女の子は在籍していない。「あ～、○○ちゃん、ちょっと今日はお休みなんですよ」とか、「4時間待ちになりますけど、いいですか？」などと言われて、別の女の子を指名せざるを得なくなるのである。

そういえば昔の日本で、まだお見合い結婚が普通だった頃、お見合い写真に妹の写真を使って、お見合い当日には姉が出向く、ということもあったと聞く。おとり作戦は、昔から使われていたのであろう。

危険な心理交渉術のポイント

おとり作戦は古くから伝わる有効なやり方。

魅力的なメリットでおびき寄せ、本当の要求を飲ませてしまおう

裏社会の手口
22

プライドをくすぐる

人を動かすときに、〝お世辞〟はものすごく効果的なテクニックだ。

お世辞を言われれば、だれでも嬉しい。そういう**嬉しさを感じさせてくれる相手に、人は親切にしようと思うもの**である。

ユタ州立大学のジョン・セイターは、とあるヘアーサロンの経営者にお願いをして、実験をさせてもらったことがある。どんな実験かというと、2人の女性スタイリストに頼んで、客がやってきたらお世辞を言ってもらったのである。

この実験では、「髪がとてもおキレイですね」というセリフと、「お客様なら、どんな髪型でも似合いますね」という二つのセリフが使われたのだが、どちらのセリフであっても、お世辞を言われなかった客よりも、たくさんのチップを払ってくれることが確認されたという。

お世辞というテクニックに関しては、「どんなセリフを言えば効果的なのか？」という疑問を感じる読者もいらっしゃると思うが、セリフ自体は何だっていいのだ。**お世辞はとにかく"言う"ことが重要なのであって、何を言えばいいのかは、あまり関係がない**のである。

お世辞を言うことによって、相手の自尊心（プライド）をくすぐれば、たいていの人を手の平で簡単に転がすことができる。その心理を利用したのが、ヘッドハンティング詐欺である。

詐欺師は、ヘッドハンティング会社のスカウトだと名乗って、「あなたの仕事ぶりについて、A社（だれでも知っている大企業）が大変に興味を持っているようです。一度、担当者の話を聞いてもらえないでしょうか？」などと、歯の浮くようなセリフを言う。

スカウトされた人は、当然、悪い気はしない。

「そんなに自分のことを買ってくれているのなら、転職するのもいいかな？」と思い込む。

ただし、スカウトだと名乗る人物は、「ヘッドハンティングは、極秘裏に行わなければなりません。お話が漏れたりするのがいちばん困るのです。ですから、今の会社にも内緒にしていただきます。Ａ社に直接お尋ねになっても、この件は存在しないことになっています」とほかの人に知らせないように釘を刺す。そして、多額の保証金などを支払わせるのである。

自分がヘッドハンティングされるような実力を持っているのかどうかなど、自分自身がいちばんよく知っていそうなものであるが、お世辞を言われて舞い上がってしまうと、自分の実力まで分からなくなってしまうものらしい。

ともあれ、人を動かそうとするのなら、おべっかを使いまくり、お世辞を言いまくるのが正しい。社交辞令だと分かっていても、やっぱりホメられれば、だれだって悪い気はしないものなのだ。

危険な心理交渉術のポイント

人はプライドを満たしてくれる相手に親切にしたくなる。どんなことでもいいから、とにかくお世辞を言いまくろう

裏社会の手口23

一流校出身者の愛校心に付け込む

「○○高校のOBなのですが、母校の甲子園出場が決まったので寄付活動をしています」と、その高校の卒業生の家を回って、お金をダマし取るという詐欺がある。あるいは、「○○大学創立150周年を記念して、豪華な記念本を作ろうと思っています」などと持ち掛ける詐欺もある。

これは、人の愛校心に付け込んだ詐欺であるが、詐欺に引っ掛かるのは、一流校の卒業生が多いという特徴がある。

俗にエリートと呼ばれる人のほうが、それなりに合理的な判断、理性的な判断もできそうだから、これは矛盾しているように思われるかもしれないが、そうではない。一般に、一流校として知られている高校や大学を卒業した人は、自分自身、その学校の卒業生であることを非常に強く誇りに思っている。愛校心が強いのである。

その点、二流、三流の学校の卒業生は、そこまでの愛校心を持ち合わせていないことが多い。中にはそうした学校に通っていたことを、苦々しく思っている人もいる。だから、一流校の卒業生が狙われるのである。

一流校の出身者は、「僕は○○大学の出身なんです」と自慢することで、周りの人たちから尊敬されることも頻繁に経験している。だから彼らは、自分の出身校をひけらかす。エリート校の出身者であるということで、気持ちの良さを感じることができるからだ。

そんな彼らだから、人一倍、愛校心は強い。

「今度、新しい学科を創設するに当たって募金をお願いしたい」と持ち掛ければ、すぐにお金が集まるのも一流大学の強みである。

一流校の出身者は、付き合いにくいとか、ダマされにくいと思われているかもしれないが、それは違う。むしろ、彼らをダマすほうが簡単である。

まず、ここでも〝お世辞〟が有効である。彼らは人一倍お世辞に弱い。「さすが○○校出身者！」と言ってあげれば、すぐに鼻の下を伸ばして、たいていの言うことは聞いてくれる。

あるいは、自分もその学校の出身者だったりすると、「私も、○○さんと同じく、

△△大学なんですよ」と言えば、まるで身内のように親切に扱ってくれたりする。オハイオ州にあるデイトン大学のマシュー・モントヤによると、私たちは、**出身校が同じ人には、親しみやすさや魅力を感じやすくなる**という。だから、出身大学が同じであることをアピールするだけで、親切にしてもらえるのだ。

一流の大学を卒業した人が、詐欺に引っ掛かったり、インチキな宗教に加入したりすると、ほかの人たちは、「なんで、あの人が!?」と不思議に思うものである。優秀な人はダマされにくい、と思うのであろう。

しかし、本当のところ、**優秀な人も普通の人と同じように簡単にダマされるものであって、学歴はあまり関係がなかったりする**のである。優秀な人にも、弱みがある。その一つが愛校心なのだ。

！危険な心理交渉術のポイント

優秀な人にも付け込みやすい部分がある。
優秀であるからこそ誇りに思っている部分を刺激しよう

裏社会の手口 24

ハニートラップをしかける

酔っ払ったサラリーマンなどに、わざとナンパされるという手口がある。ナンパされる女性は、当然〝サクラ〟である。

声を掛けられた女性は、

「私の知っている居酒屋だったら、行ってもいいよ～」

などと答えて、ぼったくり店に連れて行くわけである。声を掛けた男性も、「居酒屋だったら、そんなに高くもつかないだろう」と安心して、女の子が行きたいというお店に連れて行くことになる。

最近では、かつてのぼったくり店ほどひどくはないが、「プチぼったくり居酒屋」が結構存在する。ネットで調べれば、店名も載せられている。

プチぼったくり居酒屋では、わけの分からない席料やら、週末料金やら、チャージ料などがさりげなく加算され、明らかに高くつく。

さらにサクラの女性は、お店側の人間と示し合わせておいて、自分はお水を飲み、男性には強い酒を飲ませる。そうしてさらに男性を酔わせた上で、「もう一軒くらい、違うお店に行ってみたい！」と、同じ系列のお店を引っ張り回すのである。

女性のサクラを仕立てる、いわゆる**〝ハニートラップ〟は、ものすごく古典的な方法ではあるが、それが今でも存在しているということは、この効果が極めて有効であることを物語っている**といえるであろう。

政治の世界でも、女性のスパイを使って情報収集を行うハニートラップが行われているというし、ビジネスの世界でも、女性の産業スパイがいるという。

男性は、相手が同性である場合には、緊張して臨戦態勢で身構えるのだが、相手が女性であるというだけで、一気に緊張を解いてしまうのだ。

ウェスタン・キャロライナ大学のミリセント・エイベルは、同じように悪いことをしても、その加害者が女性であるというだけで、男性は「まあ、許してやるか」という気持ちになることを確認している。男性は、女性には甘いのである。

この心理を使えば、交渉するときには女性を連れて行く、あるいは女性の担当者に行かせる、という作戦が考えられるであろう。

男性同士で交渉していると、どうしても険悪な雰囲気になりやすいし、丁々発止《ちょうちょうはっし》のやりとりになってしまう。競争意識、ライバル意識が働くからだ。

ところが、交渉者に女性を立てれば、相手もニコニコとしながら、気持ちよく交渉をしてくれるかもしれない。もちろん、大幅な譲歩だって期待できるであろう。相手が女性ならば、である。男性だと、こういうわけにはいかない。

出版の世界でもそうで、男性の作家さんの多くは、編集者が女性というだけで、出版社の言い分を喜んで受けてしまうことが多い。

男性の編集者には厳しいことを言う作家さんでも、女性の編集者には、ニコニコと応対してくれる。ハニートラップとまでは言わないが、**女性にお願いしたほうが、執筆依頼も引き受けてもらえる確率は高くなる**のではないかと思う。

厳しい交渉には、あえて女性を交渉者にするのも一つの手だ。

そうすれば、相手も手心を加えてくれるかもしれない。

危険な心理交渉術のポイント

「男性は女性に弱い」は不変の心理法則。
古典的なやり方と侮らず、その効果を最大限に利用しよう

裏社会の手口
25

〝一《いち》蓮《れん》托《たく》生《しょう》〟で人を動かす

軍隊では、ある兵士が脱走したり、捕虜になったりすると、同じ隊に属するほかの兵士も懲罰を受けるというシステムがある。

このシステムは、秦《しん》の始皇帝の時代にはすでに存在したらしい。秦が中国を統一できたのは、当然、軍隊が強かったからということもあるが、このシステムのおかげだともいわれている。**「ほかの人に迷惑をかけてはならない」と思えば、本気を出さざるを得なくなる**からだ。

裏社会には、〝相保証〟と呼ばれるシステムがある。

債権者同士を、お互いに保証人になるように仕向け、どちらか一方が返済を延滞すればもう一方に請求できるようにすると、お互いに滞らないように返済を頑張ってくれるのである。相互に監視し合うという効果もあるかもしれない。

このシステムは、組織を動かすときに誠に効率的である。

1人だけだとなかなか本気を出せない人でも、チームでなら本気を出してくれるからだ。ほかの人が頑張っているのに、自分だけサボることはできない。

1人で運べる荷物の重さの限界が50キロだとしよう。同じ腕力を持った5人の人がいれば、当然250キロの荷物を運べる計算になる。

しかし、実際に5人をひとまとめにしてチームにすると、1人50キロどころか、55キロ、60キロくらいの荷物も運べるようになり、5人で300キロ近くの荷物を運ぶことだってできるようになる。

このような現象は、〝社会的促進効果〟と呼ばれている。

ドイツにあるヴェストファーレン・ヴィルヘルム大学のヨアヒム・ハフマイヤーは、1996年から2008年のオリンピック、1998年から2011年の世界選手権、および2000年から2010年のヨーロッパ選手権における、100メートル自由形の水泳選手199名（男96、女103）の成績を調べた。

調べたのは、個人の自由形と、リレーの自由形の成績である。

リレーのときには、当然チームでの勝負となるわけであるが、ハフマイヤーが調べたところ、どの大会においてもリレーのほうが、個人のときよりタイムが伸びたのである。「みんなのためにも頑張らなきゃ」ということで、どの選手も限界以上の力を出したということが、科学的にも証明されたことになる。

ちなみに、ハフマイヤーによると、最もタイムが伸びたのが、アンカーであった。アンカーの責任は重大である。そのため、アンカーの多くは、個人のタイムよりも良い成績で泳ぐことができたのである。

人を動かすときには、1人ひとりに動いてもらうのではなく、チームで動かすことも考えてみよう。そのほうが、**1人ひとりの力を合計したものよりも、より大きな力を発揮してくれる**ことがあるからだ。

危険な心理交渉術のポイント

人は集団で動くことで、実力より高い能力を発揮する。人を動かすときには、チームで動かすようにしよう

第3章

自分を演出して交渉を有利に運ぶ

裏社会の手口
26

見た目で相手を威圧する

ヤクザは、見た目にこだわる。一般人にしか見えないようなヤクザもいるが、大半のヤクザは、すでにもう見た目が違う。

お金のかかっていそうなネックレスや腕時計、シャツからはちらりと入れ墨がのぞいていたりする。乗っているのは黒塗りのベンツで、高価なスーツを着ている。財布の中には、パンパンに膨らむほどの現金を持ち歩いている。

なぜ、彼らが見た目にこだわるのか。

その理由は一つしかない。〝自分を大きく見せる〟ためだ。

動物の世界では、競争をするときに見た目が強そうな個体が有利だ。立派な羽を持っているとか、大きなたてがみを持っているとか、大きなキバを持っているとか、とにかく大きな個体がいつでも強い。

人間の世界もそうで、見た目が大きくて強そうなら、最初から有利な勝負ができるのである。

服装でいうと、ヤクザは「赤」や「黒」の洋服を好む。

なぜ、「赤」か「黒」なのかを心理学的にいうと、それらが「パワー・カラー」だからだ。赤や黒は、〝強さ〟に関係する色なのであって、そういう色を身に付けていると、自分を大きく見せ、相手を威圧できるのである。

ヤクザや暴走族の人たちが、真っ赤なシャツを着たり、髪の毛を赤く染めたりするのは、そうすると「強そうに見えて、人にナメられなくてすむ」ということを知っているからであろう。

赤色は、勝負で勝ちやすくなる色である。

2005年、イギリスの科学雑誌『ネイチャー』に、驚くような論文が発表された。発表したのは、イギリスにあるダラム大学のラッセル・ヒルだ。

ヒルの研究グループは、2004年のアテネ・オリンピックで行われたグレコ・ローマンスタイルのレスリング、フリースタイルのレスリング、テコンドー、ボクシングの全試合の結果を集めて、赤いウェアや、赤いヘッドギアを着用するように割り当てられた選手と、青いウェアや青のヘッドギアを着用するように割り当てられた選手での、勝率を調べてみた。

すると、四つの競技すべてにおいて、赤いウェアの選手のほうが勝率が高かったというのである。その勝率の差は20％にも広がっていたという。

オリンピックに出場するくらいの選手になれば、お互いの実力は拮抗している。赤いウェアを割り当てられた人が、たまたま強い選手ばかりだった、ということも考えづらい。しかし、人間は、赤いものを身に着けていると、心理的に強くなれるのである。あるいは、相手は赤色に気圧《けお》されて、負けてしまうのである。

アメリカのビジネスパーソンは、ここぞという交渉に臨むときには、赤色のネクタイを身に着けるという。

交渉の世界では、見た目がモノを言う。

できるだけ強そうに見えるようにしておかなければ、どんなに口先で相手を説得しようとしても、うまくいくはずがないのである。

危険な心理交渉術のポイント

ヤクザが見た目にこだわるのには、科学的な根拠がある。
交渉の場に望むときには、自分を強く見せるよう心掛けよう

裏社会の手口 27

〝権威性〟の高い職業になりすます

「僕はモデル事務所の人間なんですけど、芸能関係の仕事って、興味ありますか?」

「私はマスコミ関係者なんですけど、キャンペーンガールをやってみませんか?」

芸能関係の人間になりすまし、モデルやタレントになれると声を掛けながら、アダルトビデオに出演させたり、ヌードの撮影をする詐欺師がいる。ウソの職業を騙《かた》ることから、〝なりすまし詐欺〟であるとか、〝騙り商法〟などともいわれる。

彼らは、芸能事務所の人間を騙るときもあれば、警察官を騙るときもある。弁護士や医者を騙るときもある。

彼らが騙る職業の多くは、〝権威性〟が高いことが多い。

一般の人たちが権威を感じる職業を、彼らは好んで選ぶのである。なぜなら、そういう職業であるかのように演出すれば、人は何でも言うことを聞いてくれるからだ。

普通に考えればおかしなお願いでも、権威性の高い人に言われると、「おかしいな？」と思いながらも人は断れなくなるのである。

マサチューセッツ州にあるクラーク科学センターのレオナルド・ビックマンは、153名の歩行者を呼び止めて、「そこのバス停の看板を、あそこまで移動させてもらえませんか？」というおかしなお願いをしてみた。

ただし、警察官のように見える服装でお願いをした。すると、おかしなお願いにもかかわらず、56％の人がバス停の看板を実際に動かしてくれたというのだ。

次に、ビックマンは、普通のカジュアルな服装で同じお願いをしてみたのだが、そのときには20％しか応じてくれなかったという（それでも20％が応じてくれた、ということも驚きではあるが）。

マスコミ関係者になりすます詐欺師は、〝それっぽく見える〟服装をしている。芸能関係者が着ているような服装をして、ターゲットをダマすのだ。

警察官になりすます人は、やはり警察官やガードマンのように見える服装をしているし、医者になりすます人は、白衣を着るであろう。そういう服装をすることによって、自分の権威性を高めるのである。

人を説得するときには、なるべく権威性のあるような服装をしよう。

Tシャツに短パンを履いていたら、相手は言うことを聞いてくれない。仕立ての良いスーツを着て、きちんとネクタイを締めるだけでも、みなさんの説得力はずいぶんと高まる。これを心理学では、〝ドレス効果〟と呼んでいる。

読者のみなさんがビジネスパーソンなのであれば、1着1万円のペラペラのスーツを着るのではなく、できれば、お金はかかるがブランド物のスーツを1着は持っておきたい。人は見た目で判断されることが多く、なるべく権威性が高く見えたほうが説得もうまくいくものなのだ。

！危険な心理交渉術のポイント

人は〝権威〟に弱く、見た目で相手を判断する。多少無理してでも高級な服装を揃え、説得力を高めよう

裏社会の手口
28

“恐怖”で相手を動かす

アメリカ外交の特徴は、「穏やかに話せ、ただし棍棒を持ちながら」だといわれている。これを「棍棒外交」という。もともとは、第26代大統領セオドア・ルーズベルトが言い出した言葉らしい。

人にお願いするときには、あくまでも穏やかに話さなければならない。

だが、その一方で、しっかりと**“恐怖”を与えることを忘れてはならない。人は恐怖を感じる相手の要求を断れない**からだ。

ヤクザの会話術が、まさにアメリカの棍棒外交と同じで、最初は穏やかに話し始める。けれども、少しずつ「地を出す」というか、脅しの言葉を織り交ぜながら、自分の言い分を相手に飲ませる。

言葉はできるだけ丁寧に。

しかし、目には力をグッとこめて、睨み付ける感じで。

時折、机をコツコツと指で叩いたり、顔を相手に近付けながら心理的に威圧していく。こういう態度を見せることが非常に重要である。繰り返すが、私たちは、「怖い人の言うことは、素直に聞く」のである。

人を動かすときには、いろいろなやり方がある。

例えば、ユーモアを交えて相手を楽しませながら言うことを聞かせる方法。理を尽くして論理的に説得する方法などだ。しかし、そんなやり方よりも、はるかに効果的なやり方がある。それが〝恐怖を与えて脅す〟方法なのである。

ペンシルバニア州にあるベーレント・カレッジのマリー・ピントは、3000件以上の印刷広告を分析し、〝恐怖〟を与えるやり方が最も説得的であることを突き止めた。

「口が臭いと嫌われますよ」

「この商品を買わないと、身の安全は守れませんよ」

というように、人々が持つ恐怖に訴えるやり方が最も効果的だったのである。

日本人には、性格が穏やかで、人当たりの良い人が多いので、相手を脅すようなやり方には、生理的に反発を抱くかもしれないが、**相手を心理的にグイグイ追い詰める**

ようなやり方をとらなければ、なかなか言うことを聞かせられない、という現実を知らなければならない。

穏やかに話すのはいいが、それでも心の中では、「必要とあらば相手をぶん殴ってでも言うことを聞かせてやる」という意識がないと、〝凄み〟を出せないのではないかと思う。

もちろん実際に殴ってはならないが、そういう意識を持っていないと、相手を威圧することはできない。

普段は温厚な人間でいてもいいが、必要なときには、虎にでも狼にでもなる、という気持ちを忘れてはならない。

！危険な心理交渉術のポイント

穏やかなだけでは言うことを聞かせられないのが現実。必要なときは虎にでも狼にでもなるという覚悟を持とう

裏社会の手口 29

自分の力を間接的に見せ付ける

自分に力があることは、目の前の当人に直接見せ付けなくともよい。ほかの人に見せ付けているところを、**"目撃させる"だけでも、同じような心理効果がある**からだ。

ヤクザの兄貴分は、追い込もうとする相手本人ではなく、弟分に対してキレて見せたりすることがある。

「お前が失礼なことを言うから、お客さんが困っているじゃねえか！」と怒鳴りつけ、鼻血が出るほどぶん殴って見せるのである。もちろん、弟分にキレて見せるのは演技である。弟分もそれが分かっているから、大げさに痛がってみせる。

ほかにも、どこかへ電話をかけて、その相手にキレているところを見せるときもある。そうすることで、「自分は怖い人間なんですよ」というアピールを行うわけである。

その場面を目撃した相手は、自分が殴られたわけではないものの、殴られたときと同じような恐怖を感じる。

私たちは、実際に自分に対して痛みが与えられなくとも、それを目撃するだけで、同じくらいのストレスを感じるわけだ。

これはサルも同じらしく、ある実験では、サルが電気ショックを受けている場面を、別の檻にいるサルに目撃させてみた。すると、電気ショックを受けていないほうのサルも怯《おび》え出し、鳴き声を上げ、同じようなストレス反応を見せたという。

学校の先生も同じテクニックを使う。

クラス全体が騒がしいときには、だれか1人の生徒の名前を呼び、その生徒を厳しく叱るのである。それを目撃したほかの生徒たちは、一瞬で静かになるのだ。自分が叱られたわけではないのに、である。

このようなテクニックを、心理学では〝観察学習効果〟と呼んでいる。

自分が直接何かをされたわけではないのに、**他人がされているのを見れば、私たちはそれを観察することによって、「こうすると危ないのだな」ということを学習するのである。**

直接、相手に暴力を振るったり、言葉で追い詰めたりすると、脅迫になってしまう。

だから、自分がパワーがあることを誇示したいのであれば、そういう姿を見せてもよい相手（サクラ役）を選んでパワーを誇示し、その場面を相手に観察させるようにすればいい。それだけでも、同じような効果が期待できよう。

交渉相手に自分が怖いところを見せたいのなら、部下を一緒に同伴させ、その部下にキレて見せるのはどうか。これは、なかなか良いアイデアだと思う。ヤクザの兄貴分が、弟分にキレて見せるのと同じだ。

交渉相手には、あくまでも丁寧に接するのだが、部下に対しては、ものすごく非道な接し方をしている場面を目撃させれば、相手もそんなに強硬な姿勢は取らなくなるのではないかと思う。

！危険な心理交渉術のポイント

自分の力を直接相手に見せ付ける必要はない。丁寧に接しながら、間接的に自分のパワーを目撃させよう

裏社会の手口
30

大きな声で相手を威圧する

交渉では、どれだけ相手を心理的に委縮《いしゅく》させることができるかが肝要である。論理的な話し方であるとか、プレゼンテーションのうまさなどはあまり関係がない。交渉の成否は、どれだけ相手にプレッシャーを与えられるかで決まる。

その意味では、「声」がとても大切である。

裏社会に生きる人間は、そのことをちゃんと分かっていて、どんな声を出せば相手が言うことを聞きやすくなるかも知っている。

ウシガエルの世界では、大きな声で鳴くオスほど、メスを惹き付けることが知られている。声の小さなオスは、メスに気に入られることはない。ウシガエルの世界での勝負は、〝声がすべて〟なのである。

人間の世界では、声だけで決まる、ということはないが、交渉における優劣のかなりの部分を声が占めていることは言うまでもない。**人を威圧できる声が出せる人間ほ**

ど、どんな交渉でも優位に立つことができる。

蚊の鳴くような声で、ボソボソとしゃべっていたら、どうなるか。

おそらくは、だれもその人の意見に耳を貸そうとはしないであろう。どんなにいい話をしていても、聞く耳を持たれないであろう。

その点、威勢のいい声で話す人の言うことなら、だれでも従おうという気持ちになるはずだ。

読者のみなさんも、説得力、交渉力を高めたいのなら、今よりもずっと大きな声を出すようにすればいい。それを心掛けるだけでも、格段とみなさんの交渉力は高まる。

アサヒビールの会長だった樋口廣太郎さんは、とにかく「大きな声を出せ」というのが持論であったらしい（馬杉一郎著『大きな声で話すヤツが出世する！』中経出版参照）。

声が小さな奴は、元気もなく、覇気もなく、人を動かせないというのがその理由である。樋口さんは、「挨拶の声の小さな奴は、何をやらせてもダメだ」と言っていたそうであるが、実際にそうだと思う。

心理学的にもこれは裏付けがある。

マサチューセッツ州にあるブランダイス大学のリカルド・ゴドイは、話すときの声の大きさと、その人の経済的な豊かさには比例関係が見られることを発見している。大きな声の持ち主であるほど、収入は高くなるのである。

なぜ大きな声の持ち主がお金持ちになれるのかというと、そういう人は、「人を動かす」ことができるからだ。

小さな声でしゃべっていたら、だれもみなさんの言うことなどは聞いてくれない。とにかく、いつでも大きな声で話すことが大切だ。

あまり大きな声で怒鳴りまくっていると喉を痛めてしまうかもしれないが、小さな声でしゃべってナメられるよりは、大きな声でしゃべっているほうがずっと安心である。

危険な心理交渉術のポイント

小さな声で説得しても相手は聞く耳を持ってくれない。大きな声で相手を威圧し、優位な立場で交渉を進めよう

裏社会の手口
31

〝忙しさ〟をアピールする

みなさんが弁護士に相談することになったとして、相談者がまったくおらず、閑古鳥が鳴いているような弁護士事務所に出掛けようとするであろうか。おそらくはしないであろう。

どんなにお腹が空いていたとしても、店内がガラガラのラーメン屋さんには、ちょっと入るのをためらってしまうであろう。逆に、お店の外にまで行列のできているラーメン屋であれば、安心してその最後尾に並ぶことであろう。

「仕事を依頼するのなら、忙しい人にお願いするべきだ」とよく言われるのは、忙しい人のほうが間違いのない仕事をしてくれるからである。彼らは、だれからも信頼されているから忙しいのであって、仕事ぶりがよくない人は、そもそも仕事の依頼が来ないのでヒマをしている。

「あっ、この人なら大丈夫そうだぞ」

「おそらくこの人は売れっ子に違いないぞ」

と思われるようにアピールをしたいのなら、どんなにヒマであっても、それを相手にバラしてはいけない。むしろ、忙しい人間であるとアピールしなければならない。

〝忙しさ〟を演出することによって、自分の信頼性、専門性、権威、実力、能力といったものを相手に分からせることが肝心だ。

裏社会の人間は、〝ダブルブッキング〟という手口をよく使う。

いや、〝ダブル〟どころか、〝トリプルブッキング〟くらいは平気でやる。

例えば、来客者の予定をすべて同じ時間帯に指定すれば、やってきた客は、ほかの客が列をなして待合室のソファに腰掛けている場面を目にすることになる。そして、「この事務所は信用できるぞ」と勝手に思い込んでくれるのである。

たとえ1週間にクライアントが5人しかやってこない事務所だとしても、全員が同じ時間に来るように指定すれば、自分のほかに4人ものクライアントが待っている場面を目の当たりにさせることができる。

受付の人からは、「すみません、○○様ですね。確かに、お約束はきちんと承っているのですが、先生に急なお仕事が入ってしまいまして、30分ほどお待ちいただけないでしょうか？」などと言われるので、クライアントも納得する。

ノース・キャロライナ大学のデビッド・ホフマンの調査によると、何か心に問題を抱え、相談に行こうと考えている人は、単純に信頼できそうな所に行くのだそうである。つまり、混んでいる診療所に出掛けるのである。なぜなら、そのほうが、間違いがなさそうに思えるからだ。

実は、私もこのテクニックはよく使う。

スケジュール帳がいつでもスカスカなのは自分でも分かっているのだが、仕事の依頼があったときには、「ちょっとスケジュールを確認するので、後で電話をかけ直します」などと相手を焦らすのだ。

こういうひと手間を踏んだほうが、相手も、「内藤先生は、きっとすごい心理学者なんだろう」と思い込んでくれるので、非常に好都合である。読者のみなさんも、ぜひお試しいただきたい。

！危険な心理交渉術のポイント

〝忙しさ〟は相手を信頼させる強力な武器。
実際はヒマでも多忙な自分を演出し、〝デキるヤツ〟と思い込ませよう

裏社会の手口 32

腰の低さで相手を感激させる

たいていの人は、偉くなってくると、尊大でイヤな態度を見せるようになる。職場でも地位が高くなった途端、部下を呼び捨てにしたり、虫けらのように扱う人もいる。

しかし、本当は逆のことをしなければならない。

つまり、**偉くなってきたら、逆に、丁寧な対応を心掛けたほうがいい**のだ。

なぜなら、「あんなに偉い人が、僕のような下っ端にも丁寧に接してくれる」ということで、相手を感激させることが可能だからである。

ヤクザでも、大親分になると、だれに対しても腰が低く、丁寧に対応する。そうやって人望を集めるのだ。

俳優の勝新太郎さんは、まだ売れていない若手とお酒を飲むとき、自分で水割りを作ってあげたりしていたという。「あの勝さんが、僕なんかのためにお酒を作ってくれた！」と、若手はみんな感激し、勝さんのファンになってしまったそうだ。

偉くなってきたときこそ、腰の低さは重要である。

イスラエルにあるベンギュリオン大学のタマール・ウォルフィッシュは、同じ内容の詫び状だとしても、地位が高い人の書いた詫び状のほうが、地位が低い人の書いた詫び状よりも、相手を感激させる効果がある、と指摘している。

同じ「ごめんなさい」というお詫びでも、地位が高い人からの言葉であったほうが、相手は嬉しさを感じる。なぜなら、「偉い人は謝らない」という期待のようなものを人は持っていて、その期待を裏切るからである。

偉くなってきたときこそ、腰の低い対応をすれば、「あの人は立派だ！」「あの人は素晴らしい！」という評判はかえって高くなる。

もちろん、地位が低くとも、腰の低い対応をするのは悪くないことだが、地位が低いときには、「あいつはだれにでもペコペコしていやがる」とか、「あいつはプライドっていうものがないのかね」などと悪く受け取られてしまう危険性もある。

その点、地位が高い人が頭を下げていれば、「ペコペコしている」というような受け取られ方は、あまりされない。安心して腰の低さをアピールできるのである。

企業の経営者であるとか、重役クラスの人というのは、たいてい偉ぶった態度を見せるものであるが、それは自分の株を落とすだけ。

「実るほど頭が下がる稲穂かな」ということわざもあるように、地位が上がってきたときには、偉そうな態度を微塵も見せず、むしろ、だれよりも腰の低さをアピールしたほうがいいであろう。

お医者さんであるとか、弁護士であるとか、世間的に「先生」などと呼ばれる職業の人も、自分が偉くなったような勘違いをよくするものであるが、そういう勘違いをしている人は、陰口を言われていたり、バカにされていたりすることを忘れてはならない。自分が偉いなどと思わず、むしろ腰の低さを心掛けたほうが自分の株を上げることができるのだ。

！危険な心理交渉術のポイント

尊大な態度をとっても人を動かすことはできない。偉くなったときこそ相手には丁寧に対応し、人望を集めよう

裏社会の手口
33

役割分担で相手を追い込む

警察官が聞き込み捜査などをするときには、１人きりで動くことはめったになく、たいていはペアで行動するのが基本だそうである。

面白いことに、ヤクザもペアで行動することが多い。特に、相手を追い込んでいくような場合、１人よりも２人でやったほうが、バラエティに富んだ作戦が可能だ。

例えば、２人でそれぞれコワモテ役となだめ役を演じる人という作戦がある。

コワモテ役：「金返すのを待ってくれやと！　このガキ、死にさらせ！」
なだめ役：「兄貴、アカン！」
コワモテ役：「自分で死ねへんのやったら、わしがやったろやないか！」
なだめ役：「兄貴、アカン！　やってもうたらアカン！」
なだめ役：「兄貴にうまく話したるさかい、あんたもええ返事したりいな」

コワモテ役は、とにかく相手を怯えさせ、委縮させる。そのとき、なだめ役が優しい態度で助け舟を出す。すると、**心理的に追い込まれた相手は、なだめ役の優しい態度にやられてしまい、そちらの言うことに従ってしまう**のだ。

専門的には、このテクニックは〝グッドコップ、バッドコップ法〟と呼ばれている。直訳すれば、「良い警官と悪い警官」という意味だ。

このテクニックは、ほかにもさまざまな呼び方があり、イギリスでは〝マットとジェフ〟の名前で知られ、ＣＩＡでは〝友人と敵〟などと呼ばれているらしい。このテクニックはヤクザが使用するやり方であるばかりでなく、警察も使うのである。

例えば、被疑者を取り調べるときには、まず「悪い警官」が出てきて、とにかく大声で怒鳴りながら、机をバンバン叩いて被疑者を追い詰めていく。もちろんこの段階では、被疑者が口を割ることはない。

すると次に「良い警官」がやってきて、「まあまあ、落ち着いて。僕がゆっくり話を聞くから」と悪い警官を退出させる。そして、温和な表情を浮かべながら親身になって話を聞き、相手に自白させるのである。

まるで「北風と太陽」の寓話のようであるが、このような〝揺さぶり〟に人間はものすごく弱い。

「最初から優しい人に対応させればいいのではないか？」と読者のみなさんは思うであろう。しかし、それではダメなのである。まず**怖い警官がたっぷりと否定的な態度をとるからこそ、次に出てくる警官の優しさが強く感じられる**のである。コントラストが重要なのであって、1人では難しいのだ。

どうしても自分1人では相手を動かすのがムリだと思うのなら、だれかほかの人に頼んでペアでやってみるとよい。1人ではムリでも、2人ならいろいろな役割をとりながら交渉することが可能となるだろう。

危険な心理交渉術のポイント

役割分担をすれば、いろいろな交渉方法をとることができる。闇雲に説得を続けるのではなく、コントラストを意識しよう

裏社会の手口
34

最後の最後まで決して気を抜かない

ヤクザ同士が交渉をするときには、決して最後まで気を抜いてはいけないという。なぜなら、ほんの何気ないひと言で、交渉をひっくり返されてしまうことがあるからだ。小さな失言でもしようものなら、そこを徹底的に相手に噛みつかれて、不利な条件を飲まされてしまうこともあるのだそうだ（向谷匡史著、『ヤクザ式ビジネスの「かけひき」で絶対に負けない技術』情報センター出版局参照）。

ビジネスパーソンであっても、交渉をするときは、**たとえ相手の会社から外に出た後でも、気を抜いてはいけない**。

例えば、プレゼンを終えて駅前の居酒屋に入ったとする。

交渉がうまくまとまった安堵感からか、お酒が入った勢いのせいか、「先輩、あそこの会社、思ったよりチョロかったですね。もっとガンガンくるかと思ったんですけど、すんなり企画も通っちゃったんで拍子抜けしちゃいましたよ。機械メーカーの人って、見る目ないのかな」などと話していたとしよう。

　しかし、その後ろの席では、相手の会社の人たちが飲んでいたとする。当然、契約はすべて反故《ほご》にされるだけでなく、二度と出入りできなくなる。

　こういうケースは、可能性として多いにある。

　営業マンもそうで、客の家を出た途端にネクタイを緩め、タバコを口にくわえるようでは、注意が足らない。客の家に忘れ物などをしていたら、客が走って届けてくれることだって、あるかもしれないからだ。もしそんな状況になれば、だらしない姿を見せることになる。

　人に会うときには、最後の最後まで気を抜いてはいけない。

　気を抜いていいのは、自宅に戻ってからだ。それまでは、全神経を集中させ、ピリピリした状態でいなければならない。**気が緩むと、思わぬ失言、失態を見せてしまう。そうなれば、せっかく相手に好印象を与えても、すべてが台なしになる**。

　最初に良い顔を見せておきながら、失礼なことを言ったりすると、コントラストが働いて余計に嫌われることを覚えておこう。

　オランダにあるライデン大学のルース・フォンクは、最初は親切だった人が、ちょっとでも冷たいことをすると、ひどく嫌われてしまうと指摘している。相手の期待を裏切ることになるからだ。

交渉中はものすごく丁寧な話し方をしていたのに、交渉が終わって雑談を始めた途端、くだけた口調でしゃべったりするのもやめたほうがいい。好印象を与えたいなら、最後の最後まで、相手とお別れした後でさえ、気を抜いてはいけないのである。

小学校のときの遠足では、解散するときに「家に帰るまでが遠足なんだから、気を抜かないように」と先生が注意をする。楽しい気分で浮かれていると、事故などを起こしやすいからだ。

同じ注意は、ビジネスパーソンもしなければならない。交渉がまとまった後でさえ、気を抜いてはいけないのである。

！危険な心理交渉術のポイント

自分を演出するためには、最後の最後まで気を抜いてはいけない。うまくいったときこそ、神経を集中させよう

第4章

人間心理を利用して巧みにダマす

裏社会の手口
35

相手の家族を装う

知らない人のお願いなら、私たちはそんなに気にしないで断ることができる。なにしろ、相手とは無関係なのだから。あまり面識のない知人からのお願いを断るのもそんなに難しくはない。やはり、相手との関係は薄いからである。

ところが、親しい友人の頼みになってくると、断りにくい。おかしな断り方でもすると、関係がまずくなってしまうことを怖れるからである。

さらに**断りにくいのは、家族からのお願いだ。身内と自分とは切っても切れない間柄だから、相当な覚悟がなければ断れない**。

ジョージタウン大学のユリア・ダットンによると、人は血の繋がった家族のためならば、無償の援助を惜しまないそうである。ダットンは、アメリカ人だけでなく、ロシア人を対象にも調査したが、結果は同じだった。**知らない人よりは友人、友人よりも家族のほうを、人は助ける**のである。

この心理を逆手に取るのが、振り込め詐欺や、オレオレ詐欺を働く詐欺師集団だ。警察があれほど「振り込め詐欺に注意！」と警鐘を鳴らしているにもかかわらず、依然としてこの手口の詐欺が後を絶たないのは、ちゃんとした理由がある。

私たちは、家族が困っていると思えば（もちろん詐欺師が家族になりすましているだけなのだが）、どうしても助けてあげたくなってしまうのである。

「母さん、オレだよオレ。サラ金からお金を借りちゃってさ、どうしよう？」

「オレなんだけどさ、会社の部下へのセクハラで訴えられそうなんだよ」

「おばあちゃん、オレだよ。彼女を妊娠させちゃって、親に内緒でお金が必要なんだ」

「鉄道警察の者なのですが、ご主人が痴漢をされましてね、示談金が必要なんです」

いきなりこんな電話がかかってきたら、たいていの人は慌ててしまうだろう。

なにしろ、大切な身内が困っているのである。

「そんなのは知ったことじゃない。自分でどうにかしろ！」と突っぱねて電話を切ることができるような人は、それほど多くはない。家族が困っていると思えば、パニックになって、思考停止状態に陥り、とにかく助けなければ、ということしか頭に浮かばないであろう。

しかも詐欺師が巧妙なのは、「今すぐに振り込んでもらわないと」と急《せ》かすところである。時間を置くと、冷静さを取り戻してしまうから、とにかく「すぐに」「今すぐ」と急かすのである。パニックになった家族が、とにかく慌てて銀行や郵便局に走らなければならないように仕向けているのだ。

心理学的に言うと、これは〝タイム・プレッシャー法〟と呼ばれるテクニックである。時間的圧迫法ともいうのであるが、詐欺師は家族になりすますだけではなく、時間的なプレッシャーをかけるという合わせ技を使うのである。

交渉においても、相手の家族を口説き落とし、家族の口から説得してもらう、というやり方がとられることがあるが、〝家族の情〟を利用するという点では、詐欺師のやり方と共通しているといえよう。

危険な心理交渉術のポイント

親しい人のお願いほど、人は断りづらい。相手を直接説得できない場合は、周囲の人へもアプローチしてみよう

裏社会の手口 36

文書で信憑性を高める

私たちは、**口で言われたことよりも、書かれたもののほうを信用しやすい**。たとえ同じ内容のメッセージだったとしても、である。

だれかが、「地球は滅亡する」という荒唐無稽なことをしゃべっていたとしても、たいていの人は軽く聞き流すのではないだろうか。ところが、同じ内容が、新聞や雑誌の記事、あるいは本に書かれていたとすると、ものすごく信憑性が高いように感じてしまうのである。

〝発言〟というものは、軽く受け止められやすいという特徴がある。

その点、「書かれた文字」は、重大なことだと受け止められやすい。

ヴァージニア大学のステファン・ウォーチェルは、政治家がテレビ、ラジオ、文書という三つの手段で同じ内容のメッセージを伝える実験をした。その説得効果を比較してみると、文書が最も効果的であったという。

この心理を利用しているのが、架空請求詐欺。

ある日、自分のところに身に覚えのない架空請求のハガキや書類が届く。ただそれだけなのであるが、私たちは「書かれた文字」をそのまま信じ込んでしまうところがあるので、「〇日までに振り込んでください」と書かれた文書を読むと、素直に「はい、分かりました」という気分になってしまうのである。

インターネットでも架空請求詐欺は頻繁に行われている。

無料動画サイトだと思ってボタンをクリックしていると、いきなり請求メッセージの画面に変わったりするのである。

あるいはメールで架空請求してくる詐欺もある。

街中を歩いているとき、知らない人から声を掛けられてお金を請求されたとしても、だれも支払ったりはしないだろう。

けれども、極めて巧妙な書き方をした文章やメールが届いたら、人は簡単にダマされてしまう。「お金を払え」という点では同一の説得なのだが、口で言われるより、文書で言われたときのほうが、私たちは従ってしまうのだ。

「きちんと相手に会って話をするのが、人としての礼儀」

「きちんと相手の眼を見ながら交渉することが大切」などと言われているが、そんなことはない。むしろ、**ハガキや手紙などを使って交渉したほうが、対面でやるよりもうまくいく**ケースが結構あるのではないかと思う。打ち合わせをするときにも、メールでやりとりしたほうが、記録も残りやすいし、話もまとまる確率は高くなるかもしれない。対面で人を説得するのが苦手なのであれば、手紙やメールを使うことも考えてみるとよいだろう。

危険な心理交渉術のポイント

人は〝発言〟よりも〝文書〟を信用する。対面交渉での説得が難しければ、文書でのやり取りを試してみよう

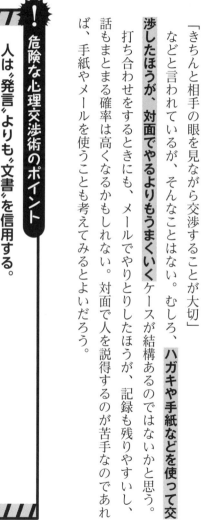

裏社会の手口 37

有名な企業を連想させる

ずいぶん昔のことだが、「豊田商事事件」というのがあった。「金」（ゴールド）を売ると言って、預かり証だけを相手に手渡すというありふれた詐欺だったのだが、被害に遭った人はかなりの数に上ったそうである。

なぜ、被害者が続出したのかというと、「豊田商事」という名前だ。知らない人から電話がかかってきて、「豊田グループの豊田商事です」と自己紹介されれば、多くの人は自動車メーカーのトヨタと何か関係のあるグループ企業だろうと思い込むに決まっている。わざと〝誤解〟させるため、有名な企業によく似た社名を作ったのであろう。

ほかにも、今ではなくなってしまったが、三和銀行の系列を装った「三和信託」、日立製作所の系列を装った「日立商事」、新日本証券と関係があるように見せかけた「新日本債券」などがあった。

悪質スカウトマンが、「僕はこういう者なんですが……」と自己紹介で使う名刺にも、有名事務所とよく似た社名の名前が刷られていることが多い。

そういう名刺を見せられて、「芸能活動に興味がありますか？」と聞かれたら、だれでもアーティストやアイドルになれると思い込んでしまう。

実際には、アダルトビデオに出演させられることになるのだが、そんなことはつゆほども思わないのである。アダルトビデオでも、立派な芸能活動だと言われれば、確かにその通りではあるが。

どんなに小さな事務所でも、**有名企業と似たような名前を付ければ、勘違いしてくれる人は結構いる**。裏社会の人間は、そこまで計算して社名を付けているのだ。

しかも、彼らは社名を有名企業に似せるだけでなく、名刺に刷り込むロゴも有名企業のロゴに似せたものを使う。パッと見ただけで、誤解してしまうような名刺を作っておくのだ。

仮に有名な企業だと思わせることに失敗したとしても、「似ているな」と感じさせるだけでも効果がある。

なぜなら、その**有名企業の好ましいイメージが、自分の会社にも連想反応として結**

び付けられて評価されるからである。

アリゾナ州立大学のロバート・チャルディーニによると、AとBという二つの対象が似ていると、Aの特性が、Bにも反映されて評価されるのだという。大企業とよく似た名前の企業は、大企業と同じように安心感、信頼性を感じさせるのだ。

ちなみに人の名前に関してもそうで、例えば名前が「木村拓哉」だったりすると、元SMAPの「キムタク」とイメージ的に結び付けられ、実際の顔立ち以上に魅力的だと感じさせることができるのである。

！危険な心理交渉術のポイント

信頼性の高いものに似せるだけで、こちらの信頼性も高まる。「みんながよく知っているもの」を連想させるアピールを考えよう

裏社会の手口 38

慈善の心に付け込む

私たちには、だれにでも思いやりと慈善の心がある。**どんなに冷たい人でも、それなりに思いやりを持ち合わせている**ものである。なぜなら、人間の社会というものは、人と人との絆によって成り立っているからだ。思いやりと慈善の心がないと、そもそも人間の社会は成り立たないのである。

そんな心理に付け込むような詐欺がある。

例えば、復興支援詐欺と呼ばれるような手口だ。

児童養護施設の職員を名乗る人物から、「震災孤児のための募金をお願いできませんでしょうか？」という電話がかかってきたりするのが、典型的なケース。

大きな駅の前では、何人か募金活動をしている人を見かけるだろう。もちろん彼らのほとんどは、本当に募金活動をしているのだが、実は怪しげな宗教団体の資金になっていることが多い。

難病に罹《かか》っている女の子のために寄付してほしい」などというウソの募金活動をする人もいるし、「飼い主のいない犬や猫のためのボランティア」を名乗って募金活動をする人もいる。

その対象が何であれ、彼らは人の慈善の心に付け込んでいるという点では共通している。本当の目的は、彼ら自身がお金稼ぎをしたいだけなのだが、そういう名目は秘密にしておいて、インチキな理由をでっち上げて、募金活動をしているのである。

彼らの巧妙なところは、インターネットで適当に拾ってきたカラー写真などを募金箱に貼り付けて、さも本当の募金のように見せかけているところである。被災地の写真、難病に侵された女の子の写真、捨てられた子犬の写真などだ。

こういう写真を見ると、私たちの慈善の心は、さらに刺激を受けやすい。**目に見えるイメージ映像があると、説得効果も高まる**のだ。

イースタン・ケンタッキー大学のルース・ペリーンは、「毎年、たくさんの子犬が産まれ、捨てられています。当団体では、そうした子犬に去勢手術を行っています」という説明を書いた募金箱を、ケンタッキー州マディソン郡の5か所に設置してみた。

ただし、募金箱のいくつかには、カラーの子犬の写真を貼り付けておき、残りは説明文だけにしておいた。

募金箱を回収してみると、写真がある箱には７・67ドルが集まり、写真がない箱には４・02ドルしか集まらなかったという。

相手の慈善の心に付け込み、さらにカラー写真によってイメージを膨らませる。そうすれば説得は極めて容易になる。

商品やサービスを売るときには、自分たちの企業活動が、社会奉仕にもなることを強調し、さらにそれをイメージさせるような写真を使って説得すれば、たいていの人はダマされてしまうのではないかと思う。

危険な心理交渉術のポイント

慈善の心はだれもが持っている。自分たちの商品やサービスが、「だれかのためになる」といったイメージを強調しよう

裏社会の手口
39

相手の無知に付け込む

私たちは、**〝よく知らないこと〟に関しては、相手の言いなりになってしまう**ものである。

パソコンに詳しくない人が、電気屋さんに買い物に出掛けて、詳しい店員さんに、「こちらの商品がおススメですよ」と言われれば、それを買うしかない。なにしろ、自分では何の判断もできないのだから。処理速度がどうのとか、メモリがどうのと丁寧に説明されても、何も分からないのだからどうしようもない。

自動車に詳しくない人は、整備点検をお願いしたときに、修理工の言いなりにならざるを得ない。「ベアリングが壊れそうなんで、新しいものに取り換えておいていいですか?」と言われれば、「はい、頼みます」としか答えられない。

もちろん、電気屋の店員さんや、自動車修理工場の従業員は、大半が善意の人たちだから、いらないものまで売り付けようということはあまりしないので安心できる。

ところが訪問販売詐欺は、違う。

訪問販売詐欺とは、相手の無知に付け込んだ詐欺である。彼らが悪質なのは、お金を巻き上げることしか考えていないことだ。電気屋の店員さんとは、最初からわけが違う。取り換えが必要のないところで、取り換えを勧めてくるのだ。

例えば、マンションに引っ越して間もない部屋を尋ねて、「浄水器の無料点検」などと偽って部屋に上がり込む。そして、「ああ、このマンションの貯水タンクだと、カートリッジは４か月で使えなくなっちゃうなあ……」などと、それらしいことをつぶやきながら、いろいろな機器の購入を勧めてくるのである。無知な住人は、心配になって、必要のないものを買わされるハメに陥る。

私たちが、**判断をしたり、意思決定をしたりするときには、どうしても情報と知識が必要だ**。それらが判断の基礎になるのであって、そもそもの知識がなければ、判断の下しようがない。

オレゴン大学のマリアン・フリースタッドによると、私たちは、知識がないことに関しては、セールスマンの言いなりになるしかない。セールスマンの善意を信用し、彼の言うことに従ったほうが、正しい決定ができるからである。ただし、それはあくまでもセールスマンが善意で対応してくれる場合だけだ。

基本的に、人を説得するときには、相手が理解しやすいような、納得してもらえるようなやさしい言葉で話したほうがいい、とされている。

普通のビジネス本や交渉の本には、そんなことが書かれている。

しかし、それとは反対に、あえて相手の思考能力を奪うために、わざと理解できないような専門用語などを織り交ぜてしゃべったほうがいい、というケースもあるのである。無知な相手に判断をさせないように、自分の言いなりにさせる、という説得の手口があるということも覚えておくとよい。

危険な心理交渉術のポイント

情報や知識がなければ、人は判断できない。無知な相手は難解な言葉で混乱させ、思考能力を奪ってしまおう

裏社会の手口 40

だれもが持つ不安を煽《あお》る

私たちの心配事は、お金のことか、仕事のことか、健康のことくらいだといわれている。若い人になると、ここに恋愛が加わるのだが、せいぜい三つか四つである。これが私たちにとっての、基本的な悩みだといってよい。

詐欺師は、それをちゃんと分かっている。

だから、彼らは美容品であるとか、サプリメントを販売対象によく選ぶ。たいていの人は「美容と健康」に根源的な不安を抱えていることが多いからだ。「もっと美しくなりたい」「もっと長生きしたい」というのは、どんな人も同じように抱えている願望であることは疑い得ない。

では、美容関係の詐欺師はどんな手口をとるのか。

まず彼らは、「無料の美容診断を受けてみませんか？」などと通行人に声を掛ける。たいていの人は美容に興味があるし、「無料」という言葉で判断がマヒさせられ、ノコノコと営業所のような場所についていってしまう。

もちろん、この無料診断というのは、インチキである。「あなたの肌年齢は実年齢より20歳も上ですよ」とか、「お肌がボロボロになりますよ」という不安を煽る結果だけが伝えられ、ホメてもらえることは、まずないからである。不安を煽るためだけのインチキな診断なのだ。

当然、不安を煽られた人は、どうすればいいのかを尋ねるわけであるが、美容器具や、エステのチケットなどを購入させられることになる。それらを購入すれば大丈夫だ、というわけである。

不安を煽るのは、人を説得するときに非常に役に立つ。**大きな不安を煽れば煽るほど、言うことを聞かせるのはたやすくなる**。

サウス・イースタン大学で行われたジェロルド・ヘイルの実験では、「紫外線を避けよう」というメッセージに対して、「日焼けすると肌が痛い」という弱い不安を煽る文章と、「紫外線は皮膚がんを引き起こす」という強い不安を煽る文章の比較が行われた。

その結果、強い不安のほうが人の判断をマヒさせて、紫外線を避けるための行動をとらせる上で効果的であることが確認されたという。

もし自分の美容にこれっぽっちも関心がない人がいるとしよう。キレイになりたいという気持ちがこれっぽっちもない人は、美容詐欺師に何と言われようが、まったく気にならないであろう。「あなたは、もっと自分の肌を大切にしなくちゃ」と不安なことを言われても、それでも耳を貸すことはないであろう。

私たちは、**そもそも興味・関心のないことでは説得されない**ものなのであるが、詐欺師は、大半の人に興味がありそうなところで、詐欺を行おうとする。だから、みんなダマされるのである。詐欺師にとって、美容品販売は、まさにうってつけのビジネスなのである。

危険な心理交渉術のポイント

人は興味や関心のないことでは説得されない。
相手の不安や願望をクローズアップし、抜け出せなくしてしまおう

裏社会の手口
41

〝サクラ〟を仕込んで盛り上げる

セミナーという名目で集まった参加者たちに、いろいろな高額商品を売り付ける詐欺がある。きちんとしたお勉強会というかたちをとりながら、結局は、商品の販売が目的なのだ。

しかも、セミナーの参加者には〝サクラ〟が混ざっている。

熱心に講師の話を聞きながら、「なるほどなあ」などと感心の溜息を漏らしてみたり、商品の説明が始まると、「これは絶対に買いだよ！」などと独り言を言ったりして、**サクラは同調の雰囲気を作り出す**。

このようなテクニックは、専門的には、〝バンドワゴン法〟と呼ばれている。

バンドワゴンというのは、行列の先頭を行く楽隊車のことで、後に続く人たちの気分を盛り上げる役目を果たしている。「さあ、みんな私の後に付いてきてよ！」というアピールをするわけだ。

サウス・キャロライナ大学のピーター・レインゲンは、「心臓病協会の活動をしているのですが、募金をお願いできませんか？」と普通にお願いしたときには25％の人しか応じてくれなかったのに、「すでに8人から募金をしてもらっているんですが、あなたも募金してくれませんか？」とバンドワゴン法でお願いすると、承諾率が43％に跳ね上がった、という実験報告をしている。

「ほかの人もやってくれていますから」

「みんな快くお引き受けしてもらっていますから」

などとアピールすれば、説得がうまくいく見込みは高くなる。

みなさんが職場の飲み会や旅行の幹事をすることになったとしたら、バンドワゴン法を使ってみるのはどうだろう。同僚にサクラになってもらって、「僕も参加するんだけど、君もおいでよ」と言ってもらうのだ。そうすれば、参加率はグッと増えるであろう。

スーパーやデパートで、特売のワゴン販売や、バーゲンセールをするのはなぜか。

その理由は、バンドワゴン効果を狙っているのだ。

ほかの客たちが集まって、熱気に包まれながら特売商品をカゴに入れまくっている姿を見ると、「私も、負けてはいられない！」という心理が働き、たくさん買ってくれるのである。

特売をすることによって、**たくさんの客が集まれば集まるほど、自然発生的なバンドワゴン効果が期待できる。**サクラなどを準備しなくとも、勝手にたくさん買ってくれるのだから、こんなにありがたいことはない。

なお、サクラを仕立てるときには、お祭りのように騒いでもらったほうがいいので、性格的に元気な人や、陽気な人にお願いしよう。性格的に地味な人は、あまりバンドワゴン効果を期待できないから、できるだけ元気な人にお願いするのがポイントである。

危険な心理交渉術のポイント

盛り上げ役を仕立てれば、相乗的に同調の雰囲気が高まる。より効果を強めるためには、元気な人にお願いしよう

裏社会の手口 42

〝秘密〟で興味を惹き付ける

形あるものだけが商品になるわけではない。

最近では、形のない〝情報〟が立派な商品として売られている。しかも、結構高額なのである。

読者のみなさんは、インターネットの掲示板やバナー広告で、「収入が無限に増える方法を教えます」とか、「月に100万円稼げる在宅ワーク」といった広告を目にしたことはないだろうか。

売っている人は、ノウハウという情報を売っているのだ。

もちろん、情報として価値のあるノウハウを売っているのであれば何の問題もないのだが、中には情報としての価値がまったくない〝詐欺まがい〟のものも多いので、ダマされないように注意してほしい。

この手口のうまいところは、お金を払うまで、情報が隠されていること。

「お金を払ってくれた人だけに、秘密のノウハウをこっそりとお教えします！」

そんな形式になっている。

情報というものは、相手に知られた瞬間に、その価値を失ってしまう。だから秘密にしておくのであるが、困ったことに、私たちは**〝秘密〟にさせられたものには、ひどく興味を惹かれてしまう**のだ。だから、詐欺に引っ掛かる人も後を絶たないのである。

「どうせ、大したノウハウは教えてくれないんだろうなあ」

「どうせ、ロクでもない情報だけが書き連ねてあるんだろうなあ」

心のどこかではそう疑いながらも、やはり〝秘密のノウハウ〟を知りたくなってしまうのが人情である。これを、心理学では〝パンドラ効果〟と呼んでいる。

パンドラ効果とは、ギリシャ神話の「パンドラの箱」に由来する用語で、人には好奇心があり、**ダマされると分かっていても興味を惹かれてしまう**、という現象を指す。

シカゴ大学のクリストファー・シーによると、人間の好奇心はものすごく強いので、たとえイヤな結果になることが目に見えていても、それでも情報を知りたくなってしまうのだという。

雑誌や単行本では、〝袋とじ〟の企画を載せると、売り上げが増すといわれているのも、やはりパンドラ効果であろう。

私たちは、秘密にされると、それが気になってどうしようもなくなるのである。袋とじの企画は、大して面白くもないことが多いのであるが、それでもやっぱり袋を破って読みたくなるのが人情である。

あまり言いたくはないのだが、私も講演会やセミナーに講師として呼ばれるときには、パンドラ効果を使っている。

主催者にお願いして「参加してくださった方にだけ、こっそりと秘密の心理テクニックをお教えします」という文句を入れたパンフレットやビラを作ってもらうと、集客効果が高くなるのだ。もちろん、私は、本当に内緒にしているテクニックをお教えしているので、詐欺行為をしているわけではないが。

!

危険な心理交渉術のポイント

秘密は好奇心を強力に刺激する。交渉相手に、「まだメリットが隠されているのでは」と思わせるよう演出しよう

裏社会の手口
43

被暗示性の高い状態を狙う

「失恋したばかりの女の子は落としやすい」という俗説がある。失恋して、心が傷付いている状態なら、やさしさが身に染みるだろうから、という理由であろう。

失恋に限らず、悩んでいる状態というのは、ものすごく操作しやすい。ダマすためのターゲットとしてはうってつけである。**悩んでいる人は、被暗示性が高く、だれの言うことでも素直に信じ込んでしまう**からである。

特に女性は、もともとの被暗示性が高いので、ダマされやすい。

ドイツにあるブレーメン国際大学のイェンス・フォルスターは、女性のほうが、男性よりも暗示にかかりやすいということを実験的に確認している。ブロンド髪の女性に向かって、「金髪女性は頭が悪いのです」という暗示をかけると、本当にＩＱテストの点数が低くなってしまう、というのだ。

もちろん、男性だって不安が強く、悩んでいる状態なら、基本的に被暗示性は高くなり、人の言うことを何でも聞いてしまう。

例えば、大学生を狙った、就活詐欺という手口もある。

就職の意識調査だと声を掛け、連絡先を聞き出し、後日就活セミナーの説明会に呼び出す。そして、「今のままだと就職なんてできない」「コミュニケーション能力を高めるセミナーを受講しよう」と勧誘し、有料講座の契約をさせるのだ。

就活を控えた大学生は、ちょうど悩んでいる状態にある。

そんな彼らをダマすのは、わけのないことなのだ。ちょうど失恋した直後の女の子と同じような状態だからである。

インチキ占い師でも、結構なんとかなってしまうのは、そもそも占いにやってくるのは、悩んでいる状態の人だけだからだ。悩んでいるから、彼らは相談にやってくるのであって、そんな人であれば、いくらでも簡単にダマすことができる。

「あなたは、こうしたほうがいい」

「あなたは、こうすれば大丈夫」

そんなことを言われると、心に悩みがある人は、「なるほど、そうなのか」と簡単に飛び付いてしまう。占い師からしてみれば、次から次へと、心に悩みを抱えて、暗示にかかりやすいカモばかりがやってきてくれるのだから、笑いが止まらない。

人を動かしたいのなら、**相手が意気消沈しているときや、仕事でイヤなことがあったときなどといったタイミングを狙うとよい。**そういうタイミングのほうが、みなさんの言葉も相手によく染みることであろう。

危険な心理交渉術のポイント

同じ交渉相手であっても、説得しやすい状態としづらい状態がある。相手がどんな状況かを見極め、成功率の高いときを狙おう

裏社会の手口
44

1人より2人連れを狙う

悪質スカウトマンによると、**1人で歩いている女の子よりも、友達と2人で歩いている女の子のほうが、引っ掛かりやすい**のだそうである。

1人きりで事務所まで付いていくのは勇気がいるが、友達と一緒だと心強さを感じるのか、ノコノコと付いてくるケースが多いというのだ。だから2人連れの女の子は、狙い目なのである。

ナンパをするときもそうで、1人の女の子を誘うよりは、2人連れの女の子に「みんなで食事に行こうよ」と声を掛けたほうが、成功率はアップする。友達と一緒なら、怖くないからであろう。

1人きりで歩いている女の子は、もともと依存心がそんなに強くないというか、独立心が強いというか、1人でも生きていけるような強さを持った女性だ。そういう女性は、ダマしにくい。もちろんダマせないわけではないものの、2人連れ、3人連れの女の子のほうがダマしやすいのである。

私たちは、友達と一緒だと財布の紐が緩みやすくなる、というのもあるだろう。カリフォルニア州立大学のロバート・ソマーは、877名の客のショッピング行動を調査し、「個人」で買い物をしている客より、「グループ」で買い物をしている客のほうが、たくさんお金を使う、という傾向を明らかにした。

1人きりだとそんなにお金を使わない人でも、友達といたり、彼女といたり、家族といたりすると、つい財布の紐を緩めてしまうのである。どこかで安心してしまうのだろうか。警戒心が薄れるからであろうか。そのメカニズムについては、よく分かっていない。

ともあれ、**1人きりなら絶対に買わないようなものでも、友達と一緒だと買ってしまう**。

この心理を利用して、スカウトマンは、2人連れの女の子のどちらともに事務所登録のサインをさせたり、商品の購入などをさせてしまうわけだ。

レストランやテーマパークでは、「家族割」であるとか、「団体割」であるとか、「カップル割」といった割引をよくする。

なぜそんな割引をするかというと、1人だけの客に比べて、グループのほうがたくさんお金を使ってくれるから。

1人きりだと1000円の料理しか注文してくれない人でも、だれかと一緒のときには3000円、5000円と出費してくれる。だから、グループで割引しても、ちゃんと儲かるのである。

人を動かすときには、相手が1人きりのときを狙うのではなく、むしろだれかと一緒にいるところを狙ったほうがうまくいく場合もあるかもしれない。普段はムダなものなど絶対に買わない人でも、恋人と一緒にいれば、見栄を張りたくて、つい余計なものまで買ってしまうというようなところが、人間にはあるからだ。

! 危険な心理交渉術のポイント

相手が1人より複数の方が、説得しやすい場合がある。交渉がうまくいかないときは、相手が複数いる状況をつくろう

裏社会の手口
45

ダマされた人をさらにダマす

一度ダマされた人というのは、おそらく同じ失敗を、二度、三度と繰り返すことになるであろう。なぜなら、ダマされやすい人というのは、基本的に、お人好しで、正直なところがあるので、何度もカモにされてしまうからである。

「泣きっ面に蜂」という言葉があるが、わざわざ過去に詐欺にあった被害者を狙う詐欺がある。

例えば、高額な宝石やら、絵画などを買わされた被害者にコンタクトを取り、「あなたが買わされた商品の代金を取り戻すことができます」とウソをついて、解約のための代行サービスを持ち掛け、さらにお金をむしり取るのである。

もちろん、解約の代行などをするわけがない。高額な商品を売り付けたのは、自分の仲間であり、もともとグルなのである。

「名簿屋」と呼ばれる人たちの間では、過去に被害に遭った人たちの電話や住所が高値で取引されているという話を聞いたことがある。

なぜ被害者の名簿が高いのかというと、一度でも被害に遭った人は、何度でもダマせるからだ。要するに、被害者の名簿というのは、カモの名簿ということなのだ。だから、詐欺師たちには重宝されるのである。

常識的に考えれば、私たちは、一度でも痛い目を見れば、それに懲りて将来的には気を付けるようになる、と思うであろう。詐欺に遭った人は、もう詐欺に遭わないように気を付けるはずだ、と思うであろう。

ところが、実際にはそうならないのである。

人間は、基本的に同じ失敗を何度も何度も繰り返すものなのだ。

ワシントン大学のレイ・トンプソンによると、私たちの多くは、自分の失敗についても、自分の弱みについても、よく知っているのだそうである。にもかかわらず、同じような失敗を繰り返してしまうものらしい。

人間は、「失敗の原因」をきちんと認識していても、それでも失敗を避けるのはなかなか難しいのだとトンプソンは指摘している。

つまらない男に引っ掛かる女の子は、将来的にも、やはりつまらない男にばかりホレてしまうであろう。「こういう男は、たいていろくでなしだ」と分かっていても、それでもやっぱり好きになってしまうであろう。失敗の原因を分かっていることと、それを上手に避けられることとは、まったく別次元の話なのだ。

人にお願いをするのなら、過去に同じようなお願いに応じた人を選ぶといい。

ある仕事をお願いするのなら、以前にほかのだれかが同じようなお願いをしていて、「いいよ」と応じていた人に、お願いをしよう。

人間には、一貫性があるので、イエスと言いやすい人は、どんなときにでもイエスと言いやすいのであり、そういう人にお願いしたほうが、みなさんの要望にも応じてくれる確率は高くなるのだ。

！危険な心理交渉術のポイント

人間は過去と同じ判断を続けやすい。
自分の要求と同じような要求に応えたことのある人を探そう

裏社会の手口
46

相手の情報を丸裸にする

交渉のためにある人物と接点を持ちたいのであれば、とにかく相手がどんな人物なのかを徹底的に調べ上げることが大切である。相手がどんな趣味を持っているのか、どんな社会活動をしているのか、家族構成は、出身地は、兄弟は、などすべての情報を調べよう。

そして、**相手について詳しく知れば知るほど、その人物を攻略することは容易になる。**

戦争においては、まず敵国の情報を徹底的に調べ上げることが重要だとされているけれども、ビジネスにおいてもそれは変わらない。

エステー会長の鈴木喬《たかし》さんは、日本生命の営業マンだったときに、徹底的に客を調べ上げるという方法で、年間契約高1兆円以上のトップセールスを果たしたことがあるという（『社長は少しバカがいい。』WAVE出版参照）。

相手のことをとことんまで調べつくし、準備万端整えてから面会に向かうのだから、さまざまなことに対して柔軟に対処できたのであろう。

相手の趣味が「ゴルフ」ということを知っただけでは、まだ情報収集としては中途半端だと鈴木さんは言う。どんな人と行っているのか、どこの会員なのか、そういうことも知らなければ調べ方が足りないというのである。

闇金業者は、お金を借りに来た人のことを徹底的に調べ上げて弱みを握るという。仕事ができる人は、自分では気付いていないかもしれないが、まったく同じことをやっているのである。

しかもありがたいことに、**最近では、相手の情報を調べることがそんなに難しくはなくなっている**。

近年ＳＮＳがずいぶんと普及し、ツイッターやフェイスブック、ブログなどをやっている人も多くいる。それらを使えば、相手がどんな人なのかの情報がいくらでも手に入るのである。なにしろ、自分から自分の情報をバンバン公表してくれているのだから。

昔なら、探偵でも雇ってコソコソと調べなければならなかったような情報が、簡単に調べられるようになった。これは、誠にありがたいことである。

イースト・テキサス・バプティスト大学のアリン・ルーダースは、フェイスブックをやっている100名に声を掛け、心理テストを受けてもらった。その一方で、彼らのフェイスブックのプロフィールについても調べた。

そのプロフィールを、35名の判定者に読ませ、どんな性格の持ち主なのかを推測してもらったところ、かなり高い精度で性格を言い当てることができたという。「ああ、この人は社交的な人なんだな」と判定された人は、心理テストでも社交性が高かったのだ。

つまり、フェイスブックの情報からでも、その人の性格を読み取るのはそんなに難しい作業ではないのである。

その人がツイッターでどんなことをつぶやいているのかの履歴を調べれば、その人の好き嫌いなどもかなりはっきりと分かるであろう。

とにかく自分が接点を持ちたい相手のことは、何でも調べておくとよい。そうすれば、それを話題に会話でも盛り上がれるし、準備もしないで会いに行くより、ずっと親しくなれるはずだ。

危険な心理交渉術のポイント

交渉を成功させるためには、まず相手をよく知ることが重要だ。
ＳＮＳなどを利用して、可能な限り調べよう

第5章

「こんなのアリ？」な上級編

裏社会の手口
47

相手が要求を飲むまで執拗《しつよう》に粘る

100%、相手にこちらの言うことを聞かせることができる方法がある。

「えっ、そんな魔法のような方法があるの!?」

読者のみなさんは、そう思ったであろう。

しかし、本当にそういう方法はあるのだ。これはヤクザが実際にやっている方法なのである。

では、どんなやり方なのか。

そのやり方はというと、**相手が言うことを聞いてくれるまで、いつまでも執拗に要求を繰り返すだけ**。相手が「うん」とうなずいてくれるまで、いつまでも諦めないのだから、100%成功する。相手がウンザリし、音を上げるまで頑張っていれば、いつかは相手が折れる。

相手が要求を飲んでくれるまで、何時間でもその場に居座り、何時間でも電話をかけ続け、何時間でも催促し続ける……。そうすれば、いつかは相手が必ず折れる。

このテクニックは、100％契約を勝ち取る営業テクニックとしても使える、といったことが書かれた本を読んだことがある。

お客様が、根負けするまで、100回でも、1000回でも訪問し、頭を下げ続ければ、そのうちお客様は契約してくれる。だから、この営業のやり方は100％の成功率になるのだという。

「お前は、もう、ウチに顔を出すな！」とお客様に怒鳴られても、それでもめげずに足を運び続ければ、「分かった、分かった、俺の負けだ」とお客様も笑いながら契約してくれる。それまでじっと頑張ればよい。

ヤクザは、あまり良いイメージを世間に持たれていないので、「ヘビのようにしつこい」などとネガティブに罵られることが多いけれども、よりポジティブな見方をすれば、「それだけ根気強い」ということでもある。諦めなければ、どんな交渉でも100％成功するのである。

ワシントン大学のローレンス・ラモントは、143名のセールスマンを対象にして、どういう人ほど高い成績をあげられるのかを調べてみたことがある。

いったいどういう人が、高いコミッションや給料を得ていたというのか。やはりセールス話法に長けた人だったのだろうか。あるいは、顔立ちの良さが重要だったのだろうか。学歴の高い人だったのだろうか。

いや、そうではない。ラモントによると、高い成績に関係している最大の要因は、どれだけ〝忍耐心〟があるか、であった。

要するに、どんなときでも、決して諦めず、お客に断られてもひたすら忍耐で頑張っているセールスマンほど、高い成績をあげることができたのである。ほかの人が1回しか訪問しないところを、10回でも20回でも、忍耐強く、粘りに粘って訪問していれば、うまくいくのも当然である。

ただ口で言うのは簡単だが、たいていの人は、これができない。だから、交渉もうまくできないのである。

「成功するまで一歩も引かない」という気持ちが大切だ。自分の要求が通るまでは、5年でも10年でも、**石にかじり付いてでも諦めない、という気持ちさえあれば、みなさんの望みは、いつかは必ず叶う**のである。

危険な心理交渉術のポイント

諦めなければ交渉は必ず成功する。
ひたすら忍耐強く、粘りに粘って自分の要求を通す根気を養おう

裏社会の手口 48

相手が譲歩するまで交渉を引き延ばす

交渉というものは、お互いが納得して契約書にサインしなければ、いつまでも妥結しない。だから、自分にとって不利な条件だなと思うのなら、あるいは納得がいかないのなら、いつまでも妥結しないでいるのが正解である。

どんなときでも、交渉をまとめなければならないかというと、それは違う。**自分に都合が悪いときには、交渉そのものをいつまでも引き延ばせばよい**。そうすれば、「勝ち」はしないが、「負け」もしないからである。

アメリカという国は、交渉では、よく最後通牒的なことを言う。「これは、米政府の最終的な提案だ。米国は、これ以上、交渉するつもりはない」と。

しかし、それを柳に風と受け止めて、「こうしてほしい」と自分の要望をぶつけて、都合の良い土俵に乗せてしまうのが、北朝鮮やイランなどのやり方だという（河東哲夫著、『ワルの外交―日本人が知らない外交の常識』草思社参照）。

日本人は、相手に強く迫られると、たとえ自分にとって不利な条件だと分かっていても、つい「イエス」と言ってしまう。これは、良くないやり方だ。

その点、裏社会の人間は違う。相手が、「○日までにお返事をください」と言ってきても、そんなことには縛られない。延々と交渉を引き延ばすのである。

こちらがのらりくらりと、飄々《ひょうひょう》とした態度で交渉していれば、絶対に相手のほうが〝譲歩〟してくる。それをじっくりと待てばよいのである。

オランダにあるフローニンゲン大学のエレン・ギーベルスは、冷蔵庫メーカーの売り手と買い手に別れて模擬交渉をしてもらうという実験をしたことがある。

その際に、「私は、あなたとの交渉をやめて、別のメーカーと交渉するかもしれませんよ」「交渉を打ち切ってもらっても、こちらは痛くもかゆくもありませんよ」というやり方の検証も行っているが、こういうやり方をしていれば、強気でいられるそうだ。

もともと日本人は、気が弱い人が多く、交渉を穏便《おんびん》にまとめることばかりを考えてしまう。

そうではなくて、「交渉は打ち切ったっていいんだ」という意識を持とう。

そういう意識を持っていれば、もっと強気な交渉ができる、とギーベルスは指摘しているのだ。

こちらの会社が小さくて、相手が大きな会社だったりしても、誇りとプライドは失ってはいけない。「そんなことを言うのなら、ほかの会社に仕事を頼んだらどうですか？　ウチはそれでも困りませんから」と**強気な態度をとっていないと、飲みたくもない条件ばかり飲まされてしまう**。

「武士は食わねど高楊枝《ようじ》」という言葉もあるが、どんなにお金が欲しくとも、それを相手に見せてはいけない。「つまらない仕事なんて、こっちから願い下げだ！」という姿勢を見せないと、自分に有利な交渉はできないのではないかと思う。

！危険な心理交渉術のポイント

交渉は根気比べでもある。「こちらはいつ打ち切ってもいい」と、強気な態度で臨み、相手の譲歩を引き出そう

裏社会の手口
49

ただ相手ににじり寄る

「殺すぞ！」「海に沈めるぞ！」などと人を脅せば立派な犯罪になってしまう。だから、今どきのヤクザはそういう脅迫をあまりしない。

では、**どうやって動かすのかというと、何もしない**。

「何もしない」というとビックリされるかもしれないが、本当に手荒なことは決してしないのである。

ただ、彼らは、相手のそばににじり寄って、黙って相手の顔を見つめるだけである。相手を見つめるだけなのだから、脅迫行為には当たらない。しかし、これをやられると、たいていの人はものすごく怖くなって、相手の言いなりになる。

事務所のような場所に連れて行かれ、入り口にカギを掛けられ、コワモテの男性たちがにじり寄ってくる場面を想像してみてほしい。どうだろう。読者のみなさんは、そんな状況でも、相手の言い分を飲まずに、堂々と自己主張などできるだろうか。私なら、とてもできそうにない。

ソファを挟んで座っている相手が、テーブルを乗り越えるように、にじり寄って顔を近付けてきたら、無言の圧力を感じる。たとえ言葉で脅されなくとも、「借りたお金は必ず返します」などと、こちらから言ってしまう。

「にらむ」と、「にじり寄る」という二つの作戦は、パワーを感じさせ、無言の圧力を相手にかける上でものすごく効果的なやり方である。

ハーバード大学のドナ・カーニーによると、会社においては上司が部下に圧力をかけるときにこれをやるらしい。

面倒な仕事を押し付けるとき、「命じられたことをしないとぶん殴るぞ！」などと脅さなくとも、ただ部下の眼をじっと見つめて、にじり寄っていけばいい。そうすれば部下は威圧されて、「はい、すぐに仕事にかかります！」と従ってくれる。

そういえば、メジャーリーグの試合を見ていると、主審の判定に納得がいかない監督は、すぐに飛び出していって、主審ににじり寄る。お互いの顔がくっついてしまいそうなくらい顔を近付けて、抗議している場面を、読者のみなさんも一度は見たことがあるだろう。

もちろん、主審も負けじと相手に顔を近付けてやり返す。相手の言いなりになっていたら、審判は務まらないのだ。そういう心理的な駆け引きは、見ていてとても興味深い。

人を動かしたいのなら、〝にじり寄り〟という方法を身に付けよう。

いったんこのテクニックを身に付けると、言葉で相手を説得する必要がなくなるので、ものすごく便利である。言葉でうまく説明するのがヘタであるとか、相手のほうが弁が立つような場合には、言い争いで負けてしまう。そうなってしまっては、どうしようもないので、言い争いはせずに、ただ相手をにらみ付け、にじり寄るだけで言うことを聞かせるようにすればいいのだ。

！危険な心理交渉術のポイント

〝にじり寄り〟は心理的な駆け引き。議論では叶わなくても、〝無言の説得〟ができる迫力を身に付けよう

裏社会の手口 50

平気でルール違反をする

裏社会で生きる人間にとって、ルールなどはあってなきがごときものに過ぎない。ルールに縛られて生きるのはオモテの世界であり、**ウラの世界には、ルールなどそもそも存在しない**。彼らは平気でルール違反をする。

インターネット通販詐欺という手口がある。

例えば、インターネット通販で通常3万円のブランド財布が、7200円で売られていたとしよう。急いで注文ボタンをクリックし、代金を個人名口座へ振り込む。しかし、前払いしたのに、商品が届かない。メールで問い合わせても返事が来ない。もともと出品者に商品を売る気などないからだ。

普通、商売をするのであれば、「自分が持っているモノ」を売るのがルールであるが、彼らは、他人の商品であろうが、架空の商品であろうが、平気で自分が持っているかのように見せかけて出品してしまう。そしてお金だけ前払いをさせ、後はドロンと消えてしまう。

「そんなのインチキじゃないか！」

「そんなのルール違反じゃないか！」

と普通は思うであろう。しかし、彼らはそんなものに縛られたりしないのである。

実のところ、交渉においては、ルールなどあるようでないのである。生真面目な日本人は、きちんとしたルールに則って交渉しようとするものだが、外国を見れば、平気でルール違反するほうがむしろ当たり前なのである。

日本人の交渉ベタはよく知られているが、それは日本人がルールをきちんと遵守する国民だからである。

日本側だけはしっかりと約束を守るのに、むこうは約束を守らない。例えば、日本側が約束通り経済協力をしても、相手国は何もしてくれない。「そんなのは知らない」「状況が変わったから、できない」などと平気でルール違反をするのである。

たとえしっかりと契約書で決まっていても、それでもルール違反するのが当たり前なのが国際交渉だといわれている。

コロラド大学のローズ・ミューラー・ハンソンは、状況次第で、ほとんどの人がルール違反をすると指摘している。確かに、だれだって、約束の時間を無視したり、メールを送ると約束しておきながら送らなかったりすることはよくやっている。律儀に約束を守ることのほうが、本当は珍しいのだ。

日本人にはマジメな人が多過ぎる。

もちろん、マジメなことは良いことなのであるが、**ちょっとしたルール違反もできないようでは、交渉はうまくできない**のではないかと思う。

大量注文してくれれば大幅値引きができるとウソをついてみたり、「急げば、2週間で納品できる」と言いながら、本当はできなかったりしても、そんなに気にしなくてもいいのではないか。むしろ、それくらい大胆なウソつきにならなければ、世の中を渡っていけないのではないかと思う。

危険な心理交渉術のポイント

マジメなだけでは、望み通りの結果を出すことはできない。少しくらいのルール違反ができる大胆さを持とう

裏社会の手口 51

〝お金を取れる人〟に肩代わりさせる

どんなに頑張ってセールスをしても、お金のない人にはモノを売ることができない。

例えば、みなさんが住宅の販売をしている営業マンだったとして、明らかにローンも組めそうもない若い夫婦には、最初からセールスをしないだろう。なぜなら、その若い夫婦は、「家が欲しい！」という気持ちがあるかもしれないが、家を買うことはできないからである。

ロシアのことわざに、「どんなに頑張っても、牡牛からは牛乳は搾れない」という言葉がある。牡牛は、そもそも乳を出せない。それなのに牡牛から牛乳を搾ろうとするのは、愚かな人のやることだ、というのである。

お金を払えない人からは、どうせお金を取ることができない。

当たり前の話である。

ところが取り立て屋のヤクザは違う。彼らはどんなことをしてでもお金を取り立てる。

どうするのか。

お金を取れない人から取るのではなく、〝お金を取れる人〟に肩代わりさせてお金を取るのである。

あるホストが闇金の返済を滞納しているとしよう。そのホストからは、どうせそんなにお金が取れそうもないとする。こんなとき、取り立てを任されたヤクザは、そのホストを従業員として雇っている経営者に話を持っていく。「いやあ、彼にもお金が必要なのは分かるんですよ。一度キレイに返済してもらいたいんですけどね」と世間話でもするかのように話し掛ける。

経営者も、自分には関係がないと思って気を許し、「まったくです。まあ、あいつも頑張ってると思うんで、もうちょっとだけ待ってやってください」などと答える。

しかし、このときすでにヤクザは心の中でニヤリと笑っている。そして少し日を置いてから、「雇い主であるあなたが、待ってやってくださいと言うから待ったんですよ。このケツは、当然、あなたに持ってもらいます」というように追い込んでいく。

このやり方は、例えば、ローンの返済ができなくなった子どもの借金を、親に肩代わりさせたりするときにも利用できる。どうせ子どもからは取れないのなら、親に代わってもらうわけである。

部下の不始末の責任は、上司に取らせる。夫からお金が取れないなら、妻からだ。要するに、きちんと責任が取れる人を探して、そちらにアプローチしなければ、どんなに頑張っても埒《らち》があかないのである。

人を説得するときには、相手が説得するに足る人間なのかどうかをきちんと調べなければならない。**どんなに説得してもムリな人というのがいるのであって、そういう人にアプローチするのは、時間と労力のムダ**でしかない。

結婚相手を見つけたいのなら、「私は、結婚しません！」という価値観の持ち主を口説こうとしてはならない。そんなことはムリである。結婚したいのなら、相手も「結婚したいな」と考えている人をまず選ばなければならない。

ニューヨーク州にあるコーネル大学のキャサリン・オコナーは、まず相手をよく知ること、そして交渉相手に足る人間なのかを調べなければ交渉はうまくいかない、と指摘している。

いきなり交渉をスタートするのではなく、まず相手がそれに足る相手なのかをきち

んと調べなければダメなのである。

危険な心理交渉術のポイント

どんなに交渉してもムダな相手もいる。
まずは相手をよく調べ、可能性がないならほかの相手を探そう

裏社会の手口

52

正常な判断能力を奪う

かつての闇金では、朝から晩まで、１日に１００回以上もの嫌がらせ電話をしていたという。今では法律的に催促の電話は禁止されているようだが、より穏やかなかたちではあるものの、電話攻撃は残っている。

電話攻撃の本当の狙いは、お金の催促をすることではない。

もちろん、お金を返済してくれればそれに越したことはないが、それ以上の狙いがある。相手をウンザリさせ、正常な判断能力を奪おうとしているのだ。

いつ電話がかかってくるのかとビクビクさせ、恐怖を与えながら、睡眠時間を奪う。私たちは、しっかりと睡眠を取らないと、次第に頭が朦朧《もうろう》としてきて、被暗示性が高まり、相手の言いなりになりやすくなる。

闇金の電話攻撃を心理学的に分析すれば、いわゆる〝洗脳プログラム〟である。

洗脳では、同じようなメッセージを繰り返し聞かせたり、睡眠時間を削ったり、テレビもラジオもない退屈な部屋に、何時間も拘禁したりすることによって、正常な判断能力を奪うのが一般的なやり方だ。そうやって**人格を破壊してから、こちらの言いなりになるような思想なり、主張なりを埋め込んでいく**のである。

戦時中には、捕虜として捕らえた敵兵に、洗脳を行って味方になるように説得したというが、似たようなことを闇金もやっているのであろう。

洗脳のテクニックは、企業においても利用されている。

例えば、クビにしたい社員がいたとして、普通に辞表を書くように求めても、なかなか応じてくれない。だれだって、クビになるのはイヤなものだからである。

しかし、企業側としてはそれでは困ってしまうので、倉庫番などに異動させ、1日中、何もない倉庫の中にただ座らせるだけの仕事を押し付けたりする。

椅子に座っているだけならずいぶんラクなものだと思われるかもしれないが、人間は、何の刺激もない状況にいると、感覚がおかしくなってきて、人格も壊れてくるのである。心理学の実験では、こういう状況に2日も置かれていると、幻覚まで見るようになってしまうらしい。

そうやって人格崩壊寸前まで追い込んでおけば、「辞表を書いてください」というお願いにも、すんなりと応じてくれるという寸法である。一般に「窓際に追いやる」という方法で知られているが、やっていることはまさしく洗脳プログラムである。

ついでに言うと、親が言うことを聞かない子どもを、押し入れや物置などに閉じ込めたりするのも、やはり洗脳プログラムの一種だと心理学的には分析できる。たいてい子どもはすぐに根を上げて、「お母さん、ごめんなさい」と言うことを聞くようになる。

〝洗脳〟という言葉を聞くと、なんだかものすごく怖ろしいテクニックのように思われるかもしれないが、実は、**日常生活のいろいろなところで、みんな知らないうちに使われている**ものである。

！ 危険な心理交渉術のポイント

〝洗脳〟のテクニックは日常生活のいろいろな場面で使われている。その仕組みを理解し、人を動かす技術に応用しよう

裏社会の手口
53

“キーワード”を連呼して催眠にかける

これもサクラを用いたテクニックの一つなのだが、催眠商法と呼ばれる手口がある。サクラがやることはただ一つ、「安い!」とか「欲しい!」といった言葉を連呼するだけである。

不思議なもので、だれかが「安い!」と言っているのを何度も聞かされていると、私たちの脳に「安い」というイメージが刷り込まれ、高額な商品であっても、安さを感じるようになってしまうのである。つまり、催眠にかけられてしまうわけである。

50万円もする羽毛布団であっても、会場のあちこちから、「安い!」「欲しい!」という声がバンバン聞こえてくると、私たちの脳は、安いと判断してしまう。

読者のみなさんも催眠術という言葉を聞いたことがあると思うが、催眠術では、**同じ言葉を何回も連呼する**。

例えば、「痛みが消える」と1回だけ言っても催眠の効果はあまりないが、「痛みが、消える、消える、消える、消える……」と言われると、本当に痛みが消えていくように感じるのである。

この催眠商法のテクニックは、みなさんだっていろいろと応用ができる。人を説得するときには、自分なりに〝キーワード〟を決めて、そのキーワードを会話の端々に挿入しながら説得すればいいのだ。そうすれば、相手を催眠にかけることができる。

もう一つ大事なポイントは、催眠のかかりやすさは、時間帯にも影響されるということだ。

クリーブランド州立大学のベンジャミン・ウォレスは、午前7時から午後10時までの間で、催眠のかかりやすさを調べてみた。

その結果、午後1時から2時くらい、あるいは午後6時から9時くらいの時間帯が催眠にかかりやすい時間帯であることを突き止めている。

もし**人を催眠にかけたいのであれば、午後の早い時間帯あたりをおススメする**。お昼を食べてお腹いっぱいになった人は、自然と頭がぼんやりしてきて、眠くなってくる。そういう状態のほうが、催眠にかかりやすいのだ。

もし私が、何らかの企画を売り込みに出掛けるなら、午後1時から2時くらいでアポを取るであろう。なぜなら、その時間帯のほうが、相手を催眠にかけるのはたやすいからである。

蛇足ながら、心理学では、午前を「理性の時間帯」、午後を「感性の時間帯」と区別することもある。

午前中は、だれでも頭がはっきりしていて、非常に理性的になっている。そういうときには、論理的な説得を心掛けるとうまくいく。逆に、午後になると、人は感性的になっていくので、手触りであるとか、心地よさであるとか、感性的な言葉をたくさん使うと、説得がうまくいくことも覚えておくとよい。

危険な心理交渉術のポイント

感性的なキーワードを多用して、催眠効果を利用しよう。実行する場合は、午後の早い時間帯を選ぼう

裏社会の手口
54

場合によっては〝プロ〟に任せる

何でも自分でやろうとしてはいけない。

「自分で何とかしてやる！」という心掛けは殊勝《しゆしよう》であるが、時間と労力のムダでしかない。交渉がヘタであるとか、その分野における知識がまったくないのであれば、弁護士やら、税理士やら、その道の〝プロ〟に交渉をお願いしたほうが、はるかに良い結果を得ることができる。

ヤクザは、いつでも自分が出向いて交渉をするのかというと、そんなことはない。お抱えの弁護士を雇っていて、そちらに交渉をお願いすることも結構ある。いつでも自分が動いているのかというと、そんなことはないのだ。

ニューヨーク州立大学のトマス・スタンリーは、何でもプロに頼んだほうが、有利な交渉ができると述べている（『なぜ、この人たちは金持ちになったのか』日本経済新聞社参照）。

例えば、建築を請け負う業者との交渉があるとしよう。

こちらは建築に関しては素人であるとすると、プロと対等に渡り合うのは不可能である。そのため、スタンリーはさっさと弁護士や代理人を雇ってしまったほうがいいと指摘している。「建築の事情に明るい専門家を立ててきた」ということになれば、建築業者や資材業者も、より熱心に仕事をしてくれ、手抜きをしない、というのである。

それぞれの分野には、みなさんよりはるかに交渉スキルの高い〝プロ〟がいる。そんな**プロにお願いしたほうが、結果として見ると、良い結果になることはいくらでもある**のだ。

子どもに勉強しなさいと口うるさく説教をしたり、自分で勉強を見てあげたりするのもいいが、最も効果的なのは、さっさとプロの家庭教師を雇うことであろう。そのほうが、絶対に子どもの成績は伸びる。

プロの家庭教師であれば、勉強ができない子どもに教えるコツなどもたくさん知っている。やる気のない子どもが相手だって、成績を伸ばすためのノウハウをいくつも知っている。だから、自分でやるより、プロにお願いしてしまったほうがラクであるし、確実なのである。

税理士にお金を払うのがもったいないからといって、自分で帳簿をつけている経営者がいるとしよう。そういう努力がまったくのムダだとは言わないが、慣れないことをして時間と労力をムダにするよりは、顧問として税理士を雇ってしまったほうが、本業の経営に、もっと力を傾注できるであろう。

もちろん、プロを雇うにはそれなりにお金がかかるが、彼らを雇ったほうが交渉が一発で片付くとか、大きな利益を持ってきてくれるとか、**払ったお金以上の見返りがあることは確か**である。

！危険な心理交渉術のポイント

何でも自分でやろうとしてはいけない。
自分の交渉力を見極め、不利だと感じればプロに任せてしまおう

裏社会の手口

55

被害者を装う

客が「ぼったくりだ！」とお金の支払いを拒んでいると、お店側が、「それなら警察へ行きましょう」と言い出すテクニックがある。

「料理を出さなかったわけでもありませんし、サービスしなかったわけでもありません。金額が高いと言われれば高いですが、料亭に比べればずいぶん安いですよ。それでもお金を払っていただけないのなら、もう警察にお願いするしかありません」

そんな感じで客を脅すのである。

仮に警察へ行っても、おそらくは相手にされないであろう。料金トラブルに警察は基本的に口出しをしないのである。民事不介入が原則だから、「そちらで話し合ってくれ」ということになる。

警察では、店員は完全な被害者を装う。

「食事をお出しして、料金を払っていただけないんですよ。無銭飲食じゃないですか。

そりゃ金額は少し高かったかもしれませんけど、お酒をグイグイ飲んでたのは、お客さんじゃないですか。いい加減、払ってくださいよ」と言われれば、警察だって、酔っ払っている客よりは、店側の言い分を信じてしまいそうだ。

「おかわりを持ってこい！　ってお客さんに言われたら、いくらだってお酒をお作りしますよ。ウチも商売ですからね。だけど何杯も飲まれてから、こんなに高いんじゃ、払わない！　と言われたって、こちらは困っちゃいますよ」と困った顔をして、首を横に振っていれば、警察も「お客さんさあ、飲んだのは確かなんだしさ……」と言う場合があるそうだ。

本当は、客のほうが被害者なのに、あたかも**こちらのほうが被害者であるということになれば、これはもう勝ったようなもの**である。

詐欺師の中には、同じように自分たちのほうが被害者だ、と相手に責任をなすり付ける手口を使う人もいる。

「こちらは、ちゃんと商品を納めたんですよ。なのに代金をいただけないって、そんな話はないでしょう」と言われれば、客としても口をつぐまざるを得ない。

自分が被害者になってしまえば、無関係な第三者は、すべて自分の味方をしてくれる。

シンガポール国立大学のアイリス・ハンによれば、被害者に対して、人は同情的な気持ちになり、いろいろと援助したい気持ちが強くなるという。だから、自分が被害者であるということを、大げさにアピールするのがコツである。

日本人の夫婦は、夫婦げんかをするとき、基本的に家の中でやる。みっともないからだ。ところが外国に目をやると、例えば中国人の夫婦は、わざわざ家の外でケンカする、という話を聞いたことがある。お互いに外で罵り合いを始めて、歩いている人たちに、どちらが悪いのかを決めてもらおうというのだ。

そのうち、話を聞いている通行人たちから、「夫が悪い!」とか「奥さんが悪い!」と声が掛かるようになって、夫婦げんかは決着するのだそうである。相手を悪者にして、自分は被害者だというアピールをしたほうが勝つのである。

たとえ自分が悪いことをしたとしても、被害者になってしまえば、こちらのもの。**相手が悪人であるかのように思い込ませることは非常に重要なテクニックである**といえるであろう。

危険な心理交渉術のポイント

被害者になることができれば、周囲が味方してくれる。有利に交渉を進めるため、自分は被害者だとアピールしよう

あとがき

「人を動かす」をテーマにした類書は、たくさんある。しかし、それらの本に書かれていることが、どれくらい実効性があるのかというと、はなはだ疑問である。

「愛情を持って接すれば、相手も動いてくれる」

「相手を思いやる気持ちが大切」

類書を読めば、そんな感じのことがウンザリするほど書かれているが、そのやり方で本当に相手が動いてくれるのか、私はずっと疑問に思っていた。確かに、書かれていることに間違いはないのだろうが、「愛情を持って接する」とか、「思いやり」と言われても、いまいちピンとこないのである。

愛情などなくとも、人は動かせるのではないか。思いやりなどなくとも、言うことを聞かせることは可能なのではないか。私は、兼ねてからそんなことを考えていたのであるが、裏社会の人たちが、まさにそのようなスタンスで実際に行動しているのを知り、「これだ!」と得心したわけである。

本書では、私が調べた裏社会の人たちの手口やテクニックを明らかにする一方で、なぜそれらのテクニックが効果的なのかのメカニズムについても心理分析してみた。本書をきちんとお読みいただければ、「人を動かす」実践的な知識が身に付くのではないかと思う。

詐欺行為は、絶対にやってはいけない。

法律に違反する行為が許されるわけではない。

しかし、例えば、詐欺で利用されているテクニックは、部下を動かすテクニックであるとか、クライアントとの交渉であるとか、好きな人をこちらに振りむかせるテクニックであるとか、日常場面にもいろいろと応用ができるであろう。

どのように使っていただくかは、読者のみなさんの自由であるが、本書で紹介してきた裏社会のテクニックは、絶対に悪用してはならない。あくまでも善用していただくことを期待している。

さて、本書の執筆にあたっては、総合法令出版編集部の久保木勇耶さんにお世話になった。この場を借りてお礼を申し上げたい。久保木さんには、裏社会の手口についての情報収集も一緒にお手伝いいただき、非常に助かった。私1人では、膨大な手口をまとめるだけでも苦労したであろう。

紙幅の関係もあって、あらゆる手口を網羅的に扱うことはできなかった。そのため、より応用性の高い手口だけを取り上げ、そこから汲み取ることができるエッセンスをご紹介するにとどめた。もし機会があれば、ぜひもっと多くのテクニックについても紹介していきたいと思っている。

最後になってしまったが、読者のみなさんにもお礼を申し上げる。本当にありがとうございました。また、どこかでお会いしましょう。

内藤誼人《よしひと》

Vangelisti, A. L. 1994 Family secrets: Forms, functions and correlates. Journal of Social Personal Relationships, 11, 113-135.
Vonk, R. 1993 The negativity effect in trait ratings and in open-ended descriptions of persons. Personality and Social Psychology Bulletin, 19, 269-278.
Walfisch, T., Dijk, D. V., & Kark, R. 2013 Do you really expect me to apologize? The impact of status and gender on the effectiveness of an apology in the workplace. Journal of Applied Social Psychology, 43, 1446-1458.
Wallace, B. 1993 Day persons, night persons, and variability in hypnotic susceptibility. Journal of Personality and Social Psychology, 64, 827-833.
Wilson, E. J., & Sherrell, D. L. 1993 Source effects in communication and persuasion research: A meta-analysis of effect size. Academy of Marketing Science, 21, 101-112.
Wolff, H. G., & Moser, K. 2009 Effects of networking on career success: A longitudinal study. Journal of Applied Psychology, 94, 196-206.
Worchel, S., Andreoli, V., & Eason, J. 1975 Is the medium the message? A study of the effects of media, communicator, and message characteristics on attitude change. Journal of Applied Social Psychology, 5, 157-172.

向谷匡史　ヤクザの必勝心理術　イースト・プレス　2014
西田公昭　だましの手口　PHP 新書　2009

Niven, K., Holman, D., & Totterdell, P. 2012 How to win friendship and trust by influencing people's feelings: An investigation of interpersonal affect regulation and the quality of friendships. Human Relations, 65, 777-805.
O'Connor, K. M., Arnold, J. A., & Burries, E. R. 2005 Negotiators' bargaining histories and their effects on future negotiation performance. Journal of Applied Psychology, 90, 350-362.
Ottati, V., Rhoads, S., & Graesser, A. C. 1999 The effect of metaphor on processing style in a persuasion task: A motivational resonance model. Journal of Personality and Social Psychology, 77, 688-697.
Peck, J., & Childers, T. L. 2003 Individual differences in haptic information processing: The "Need for Touch" scale. Journal of Consumer Research, 30, 430-442.
Perrine, R. M., & Heather, S. 2000 Effects of picture and even a penny will help appeals on anonymous donations to charity. Psychological Reports, 86, 551-559.
Peterson, L. R., & Peterson, M. J. 1959 Short-term retention of individual verbal items. Journal of Experimental Psychology, 58, 193-198.
Pinto, M. B. 2000 On the nature and properties of appeals used in direct-to-consumer advertising of prescription drugs. Psychological Reports, 86, 597-607.
Principe, G. F., Kanaya, T., Ceci, S. J., & Singh, M. 2006 Believing is seeing: How rumors can engender false memories in preschoolers. Psychological Science, 17, 243-248.
Reingen, P. H. 1978 On inducing compliance with requests. Journal of Consumer Research, 5, 96-102.
Reingen, P. H. 1982 Test of a list procedure for inducing compliance with a request to donate money. Journal of Applied Psychology, 67, 110-118.
Rind, B., & Benjamin, D. 1995 Effects of public image concerns and self-image on compliance. Journal of Social Psychology, 134, 19-25.
Seiter, J. S., & Dutson, E. 2007 The effect of compliments on tipping behavior in hairstyling salons. Journal of Applied Social Psychology, 37, 1999-2007.
Shiv, B., Carmon, Z., & Ariely, D. 2005 Placebo effects of marketing actions: Consumers may get what they pay for. Journal of Marketing Research, 42, 383-393.
Sommer, R., Wynes, m., Brinkley, G. 1992 Social facilitation effects in shopping behavior. Environment and Behavior, 24, 285-297.
多田文明　あなたはこうしてだまされる　産経新聞出版　2015

Thompson, L., & DeHarpport, T. 1994 Social judgment, feedback, and interpersonal learning in negotiation. Organizational Behavior and Human Decision Processes, 58, 327-345.
Van den Putte, B., & Dhondt, G. 2005 Developing successful Communication strategies: A test of an integrated framework for effective communication. Journal of Applied Social Psychology, 35, 2399-2420.

Harvey, O. J., & Beverly, G. D. 1961 Some personality correlates of concept change through role playing. Journal of Abnormal Social Psychology, 63, 125-130.
Hill, R. A., & Barton, R. A. 2005 Red enhances human performance in contests. Nature, 435, 293.
Hofmann, D. A., Lei, Z., & Grant, A. M. 2009 Seeking help in the shadow of doubt: The sense making processes underlying how nurses decide whom to ask for help. Journal of Applied Psychology, 94, 1261-1274.
Hsee, C. K., & Ruan, B. 2016 The Pandora effect: The power and peril of curiosity. Psychological Science, 27, 659-666.
Huffmeier, J., Krumm, S., Kanthak, J., & Hertel, G. 2012 "Don't let the group down": Facets of instrumentality moderate the motivating effects of groups in a field experiment. European Journal of Social Psychology, 42, 533-538.
Hung, I. W., & Wyer, R. S. Jr. 2009 Differences in perspective and the influence of charitable appeals: When imagining oneself as the victim is not beneficial. Journal of Marketing Research, 46, 421-434.
Isen, A. M., Shalker, T. E., Clark, M., & Karp, L. 1978 Affect, accessibility of material in memory, and behavior: A cognitive loop? Personality and Social Psychology Bulletin, 36, 1-2.
Joule, R. V., & Gueguen, N. 2015 The lure technique: Replication and refinement in a field setting. Psychological Reports, 116, 275-279.
Konoske, P., Staple, S., & Graf, R. G. 1979 Compliant reactions to guilt: Self-esteem or self-punishment. Journal of Social Psychology, 108, 207-211.
Kwon, S., & Weingart, L. R. 2004 Unilateral concessions from the other party: Concession behavior, attributions, and negotiation judgments. Journal of Applied Psychology, 89, 263-278.
Lamont, L. M., & Lundstrom, W. J. 1977 Identifying successful industrial salesman by personality and personal characteristics. Journal of Marketing Research, 14, 517-529.
Lueders, A., Hall, J. A., Pennington, N. R., & Knutson, K. 2014 Nonverbal decoding on Facebook: Applying the IPT-15 and the SSI to personality judgments. Journal of Nonverbal Behavior, 38, 413-427.
Matthies, E., Klockner, C. A., & Preibner, C. L. 2006 Applying a modified moral decision making model to change habitual car use: How can commitment be effective? Applied Psychology: An international review, 55, 91-106.
Montoya, M., & Horton, R. S. 2012 A meta-analytic investigation of the processes underlying the similarity-attraction effect. Journal of Social and Personal Relationships, 30, 64-94.
Morwitz, V. G., Greenleaf, E. A., & Johnson, E. J. 1998 Divide and prosper: Consumers' reactions to partitioned prices. Journal of Marketing Research, 35, 453-463.
Mueller-Hanson, R. A., Heggestad, E. D., & Thornton, G. C.⊠ 2006 Individual differences in impression management: An exploration of the psychological process underlying faking. Psychology Science, 48, 288-312.

参考文献

Abel, M. H., & Watters, H. 2005 Attributions of guilt and punishment as functions of physical attractiveness and smiling. Journal of Social Psychology, 145, 687-702.

Bickman, L. 1974 The social power of a uniform. Journal of Applied Social Psychology, 4, 47-61.

Bradley, G. L., & Sparks, B. A. 2000 Customer reactions to staff empowerment: Mediators and moderators. Journal of Applied Social Psychology, 30, 991-1012.

Bull, P., & Mayer, K. 1993 How not to answer questions in political interviews. Political Psychology, 14, 651-666.

Burgess, M., Enzle, M. E., & Morry, M. 2000 The social psychological power of photography: Can the image-freezing machine make something of nothing? European Journal of Social Psychology, 30, 613-630.

Carney, D. R., Hall, J. A., & LeBeau, L. S. 2005 Beliefs about the nonverbal expression of social power. Journal of Nonverbal Behavior, 29, 105-123.

Cialdini, R. B., & Nicholas, M. E. 1989 Self-presentation by association. Journal of Personality and Social Psychology, 57, 626-631.

Claxton, R., Vecchio, S. D., Zemanek, J. E. Jr., & Mcintyre, R. P. 2001 Industrial buyers' perception of effective selling. Psychological Reports, 89, 476-482.

Dutton, Y. E. C. 2012 Butting in vs being a friend: Cultural differences and similarities in the evaluation of imposed social support. Journal of Social Psychology, 152, 493-509.

Echebarria-Echabe, A. 2010 Effects of suspicion on willingness to engage in systematic processing of persuasive arguments. Journal of Social Psychology, 150, 148-159.

Forster, J., & Seibt, B. 2004 Risky and careful processing under stereotype threat: How regulatory focus can enhance and deteriorate performance when self stereotypes are active. Journal of Personality and Social Psychology, 87, 38-56.

Friestad, M., & Wright, P. 1994 The persuasion knowledge model: How people cope with persuasion attempts. Journal of Consumer Research, 21, 1-31.

Giebels, E., DeDreu, C. K. W., & Van de Vlert, E. 2000 Interdependence in negotiation: Effects of exit options and social motives on distributive and integrative negotiation. European Journal of Social Psychology, 30, 255-272.

Godoy, R., Reyes-Garcia, V., Huanca, T., Tanner, S., Leonard, W. R., Mcdade, T., & Vadez, V. 2005 Do smiles have a face value? Panel evidence from Amazonian indians. Journal of Economic Psychology, 26, 469-490.

Goldstein, N. J., Cialdini, R. B., & Griskevisius, V. 2008 A room with a viewpoint: Using social norms to motivate environmental conservation in hotels. Journal of Consumer Research, 35, 472-482.

Gueguen, N., Marchand, M., Pascual, A., & Lourel, M. 2008 Foot-in-the-door technique using a courtship request: A field experiment. Psychological Reports, 103, 529-534.

Hale, J. L., Lemienux, R., & Mongeau, P. A. 1995 Cognitive processing of fear-arousing message content. Communication Research, 22, 459-474.

内藤誼人（ないとう・よしひと）

心理学者、立正大学客員教授、有限会社アンギルド代表取締役社長。

慶應義塾大学社会学研究科博士課程修了。社会心理学の知見をベースに、ビジネスを中心とした実践的分野への応用に力を注ぐ心理学系アクティビスト。趣味は手品、昆虫採集、ガーデニング。

著書に、『すごい！ モテ方』『すごい！ ホメ方』『もっとすごい！ ホメ方』（以上、廣済堂出版）、『ビビらない技法』『「人たらし」のブラック心理術』（以上、大和書房）など多数。その数は200冊を超える。

裏社会の危険な心理交渉術

2017年9月7日　初版発行

著　者　内藤誼人
発行者　野村直克
発行所　総合法令出版株式会社
〒103-0001 東京都中央区日本橋小伝馬町15-18
ユニゾ小伝馬町ビル9階
電話　03-5623-5121
印刷・製本　中央精版印刷株式会社

落丁・乱丁本はお取替えいたします。

ISBN 978-4-86280-569-0
総合法令出版ホームページ　http://www.horei.com/